吴甘霖、邓小兰
工作素养书系

职场发展看职商

吴甘霖 著

中国电力出版社
CHINA ELECTRIC POWER PRESS

内 容 提 要

　　本书从什么是职商，为什么职商决定职场发展，一流员工应具备哪些职业素养，以及如何快速培养职商等方面系统阐述了职场中人该怎样塑造关键职业素养、开启职业智慧。本书是全面提升工作素养的行动指南，适合企业员工、中基层管理者共同阅读。

图书在版编目(CIP)数据

职场发展看职商 / 吴甘霖著. — 北京：中国电力出版社，2014.9
（吴甘霖、邓小兰工作素养书系）
ISBN 978-7-5123-6152-2

Ⅰ.①职… Ⅱ.①吴… Ⅲ.①职业－应用心理学－通俗读物
Ⅳ.①C913.2-49

中国版本图书馆CIP数据核字(2014)第144542号

中国电力出版社出版、发行
北京市东城区北京站西街 19 号 100005　http：//www.cepp.sgcc.com.cn
责任编辑：石薇
责任校对：朱丽芳　责任印制：赵磊
汇鑫印务有限公司印刷·各地新华书店经售
2014 年 9 月第 1 版·2014 年 9 月北京第 1 次印刷
700mm×1000mm　16 开本·13 印张·123 千字
定价：30.00 元

掌握职场发展的"金钥匙"

　　每个职场人士，都希望能在职场中拥有令自己发展更好的"钥匙"。有的人重视文凭，有的人重视技能，也有的人更在乎有背景的"关系"。

　　但是，据我多年在职场的亲身体验和从事职场培训时对众多职场人士的研究，我深深感到：

　　对大多数人而言，上述那些都不是最重要的东西。只有"职商"，即包括职业素养与职业智慧的"职业智商"，才是每个人职场发展的根本。

　　我对"职商"的思考，始于多年以前。当时，我出版了职场畅销书《方法总比问题多》。在谈到该书为什么畅销时，读者们纷纷反映，最关键的是它探讨了一流员工的一项非常重要的职业素养："不找借口找方法，方法总比问题多。"不少读者还希望我将一流员工的整体职业素养进行系统研究，于是，我尝试写作并出版了《一生成就看职商》。该书也有不错的反应，不少著名企业集团，纷纷把这本书作为员工入门和企业文化建设的培训读本。

　　多年后，我再次发现，"职商"不仅没有过时，而且还越来越重要。

因为在职场中，我们还是经常看到这样一些人：他们有能力却不愿意主动付出，忙忙碌碌却无法为单位创造理想的效益，有很好的学历却无法将知识"卖"个好价钱……缺乏"职商"的现象，几乎在每个单位都不同程度地存在着，这不仅妨碍个人的发展，而且也是让单位业绩受到不良影响的最重要的因素之一。

于是，我又改进了原来那本职商的作品，不再宽泛地去讲"一生"，而是仅仅聚焦于人在职场的发展，写成了这本《职场发展看职商》。

和原来那本书相比，我删除了有关创业的部分，也删除了一些不够典型和过时的内容，同时加入了中国入关首席谈判代表龙永图、从农民工到全国人大代表的朱雪芹等更典型的、更鲜活的内容，并在具体的做法和方法上也尽可能作了更新。我希望这样的改变能让当下的读者更爱看，也更能得到相关启迪。

该书分三单元，与《方法总比问题多》相比，更系统地阐述了一流员工的职业素养和智慧。

第一单元：为何"职商"决定职场发展与成就

在这一部分，我不仅现身说法地讲述了我如何从刚出校门时因为不适应社会几乎走上自杀道路，到提升"职商"后在职场快速发展的过程，同时总结了众多优秀人物的成功历史，明确提出无论是在应聘时，还是在工作岗位的不断发展中，"职商"都是一个人取胜的关键。

第二单元：一流员工的 10 大职业素养

我从敬业、发展、主动、责任、执行、品格、绩效、协作、智慧、形象等 10 个方面，对"职商"的内容进行了全面探究。可以说，掌握了这 10 个方面，就基本上掌握了在职场发展的素养与智慧。

第三单元：如何快速让自己"职商"超群

从"职商"低到"职商"高是一个不断超越的过程，本单元从 4 个方面入手，让大家掌握快速提高"职商"的诀窍。

这些年来，我已出版了多部作品，我深深地感到，要让广大读者更好地接受自己，就必须努力做到既要有原创性，又要有吸引力，同时做到"好看"和"管用"。这其实是我多年来对自己的要求，也是在写作此书时格外注意的地方。在本书中，读者们应该能分享到一些让人难忘的故事和做法，同时也能分享到一些"大白话讲大道理"的理念，如"不怕起点低，就怕境界低"、"先让自己的付出超过报酬，然后报酬会超过你的付出"、"小事放光就是大事"、"会交才会通"等。希望我的探究和总结，能令读者有所借鉴。

正如有关人士指出的，不懂"职商"，在职场寸步难行；一懂"职商"，在职场一日千里。我深深地期望，不仅是关心自我发展的人应该重视"职商"，各单位和部门的领导，也要把提升团队成员的"职商"摆到突出位置！对于当今的岗位培训和职业教育，有不少单位往往只将它停留在对员工的技能培训上，其实，恰恰是有关"职商"的培养，应该是每个员工的入门课和必修课，是单位领导应该优先考虑的引导和教育员工的内容。因为，假如你能让自己的团队拥有了优秀的"职商"，便能加倍激发员工的胜任力、竞争力和创造力！

中国电力出版社的有关领导和编辑为本书的出版做了许多工作，

我的合作伙伴邓小兰老师为我在文字上进行了把关和润色，对此，我深表感谢！

希望我们都拥有职场发展的"金钥匙"，在各自的岗位上腾飞！

吴甘霖

目录
Contents

序言：掌握职场发展的"金钥匙"

第一单元 **为何"职商"决定职场发展与成就　1**

从自杀者到职场成功者的感悟　3

我如何在初入职场时走上自杀道路　3

我如何被 300 个字改变命运　7

我如何在进入《中国青年报》后找到职场腾飞的关键　10

我自己当老总以后的感悟　13

应聘：成功跨越那道门　18

让素养帮你打赢第一仗　18

只有你对别人关心，别人才会对你关心　21

如果一件事值得你去做，就一定值得你去做好　23

暗"试"比明"试"更重要　26

一流素养能使你反败为胜　28

职商：职场发展的根本　31

比尔·盖茨："一流员工的 10 大特征"　31

智慧高于知识，素养高于能力　34

大机会，往往从有素养的小处降临　37

今天多走几步路，明天翱翔在高空　41

错过台上一分钟，白费台下十年功　42

要坐金板凳，先坐冷板凳　46

第二单元　**一流员工的 10 大职业素养　51**

敬业：只有你善待岗位，岗位才能善待你　53

不怕起点低，就怕境界低　53

只有小演员，没有小角色　56

培养工作中的使命感　59

处处以专业的标准要求自己　60

"差不多"差多了　62

将简单的事做到最好　64

发展：与单位需求挂钩，才会一日千里　67

单位只为你的"使用价值"买单　67

个人发展要跟上单位发展的主旋律　69

是选择钱，还是选择路　71

别太在乎自己，地球不会因你而不转动 73

主动：从"要我做"到"我要做" 75

你是雇员，但你更是主人 75

你是下级，但你能影响上级 78

超越分内事，机会不请自来 81

先让自己的付出超过报酬，报酬才会超过你的付出 83

责任：会担当才会有大发展 85

担得起担子，看得淡面子，放得下架子 85

扩大"承担圈"，便放大了"成功圈" 88

"一脚油门，一脚牢门" 90

小事放光就是大事 92

活是给别人做的，更是给自己做的 94

执行：保证完成任务 98

不是做事，而是做成事 98

"烧开一壶水" 100

四个到位 101

告别"完满病" 103

品格：小胜凭智，大胜靠德 105

成为值得信赖的人 105

自我放纵无异于自我毁灭 107

越能经受考验，越能彰显品格 110

绩效：不重苦劳重功劳　113

穷忙、瞎忙是职场"大罪"　113

"老黄牛"也要插上绩效的翅膀　115

强化你的"结果导向"　116

优化你的工作方式　119

协作：在团队中实现最好的自我　123

没有人能独自成功　123

团队不是缩小了自我，而是放大了自我　126

会交才会通　128

学会适应团队，而不是让团队适应你个人　130

以一当十不难，难的是以十当一　133

智慧：有想法更要有办法　137

要努力地工作，也要聪明地工作　137

总有解决的办法　139

总有更多的办法　142

总有更好的办法　144

让创新智慧为你的发展提速　146

形象：你就是单位的品牌　149

"不要往自己喝水的井里吐痰"　149

单位提前，自我退后　152

你就是单位的"金字招牌"　154

第三单元 如何快速让自己"职商"超群 157

变"个体人"为"单位人" 159

不是所有才子的才干都值钱 159

早点上轨道，才跑得更远 162

要恃才助上，不要恃才傲上 165

让职业素养成为"第二天性" 169

"职业意识"创造的奇迹 169

形成"职业意焦" 171

用力工作只能做到称职，用心工作才能达到优秀 173

当情绪的主人，而不是让情绪当你的主人 175

打造自己的核心竞争力 179

加强学习，为你的发展投资 179

聪明的金子，要懂得在关键时刻发光 182

让优势越来越优 183

以空杯心态不断超越自我 186

你无法飞翔，是因为把自己看得太重 186

学会"时刻归零" 189

在反思与改变中超越自己 192

与无形的"长辫子"永别 194

第一单元

为何"职商"决定职场发展与成就

何"商"定职场发展与成就

从自杀者到职场成功者的感悟

我如何在初入职场时走上自杀道路

"一个人要取得大成就,什么是最关键的因素?"

这个问题在我的一生中,曾出现过无数次。

刚参加工作时,我曾问过别人;做老总和培训师后,我又曾无数次被别人问到。

在人人都追求成功的时代,这个问题显得尤为重要,使我不得不对它认真思考,做出回答。

每次回答这个问题的时候,我总会想到比尔·盖茨、李嘉诚等著名人物的奋斗史,当然也有我身边一些普通人的成功经历,但我想得最多的还是自己的历程。

在我 20 多年的职业生涯中,经历过曲折甚至惨败,但最终还是取得了一些成绩,到底是什么推动我一步步走向成功呢?

回想当初自己走过的每一步,我深深感到:真正决定个人成败的不在于能力、学识，甚至也不是理想，而是职商！职商才是成就一个人事业的关键。

职商是一个全新的概念，它的含义是：职场中的素养和智慧。

我们都知道有智商、情商、逆商，而职商作为一个新的概念，它有什么特定的价值？

很多人的经历告诉我们，一个人的成就基本上在工作中产生，因此，职业素养和智慧就显得至关重要。

换言之，一个人一生的成就，主要来自自己的职商，而我个人的经历更是说明了这一点。

我出生在一个贫穷的山村，经过努力考上了重点大学，并成为学校最优秀的学生之一。

在学校，我是班里发表文章最多的一个，还得过全校学生业余科研成果奖。毕业前夕，校长亲自为全校一批有才华的毕业生颁奖，其中就包括我。

毕业后，当别人都按照学校的分配去了各自的单位，我却反其道而行之——自己去找工作。就这样，我成了中国最早一批自己找工作的大学生中的一员。

当我走进武昌火车站，准备去长沙找工作时，昔日的同窗好友，一个分配到北京工作的同学前来送行，他有些伤感地看着我，很为我的前途担忧，而那时的我却是豪情万丈，在火车开出的那一刹那，我冲他挥了挥手，豪迈地说："10年后再见！"

但令我没想到的是，生活远远没有我想象的简单，很快，满腔热血的我经受了巨大的震荡。

费尽求职的周折后，我终于敲开了一家著名省报的大门。然而，迎接我的，却是人生的第一记闷棒。

原以为凭自己的专业和学历，进了报社很快就会大展宏图。不料，领导却安排我和另外几个刚毕业的大学生去做校对，每天工作到凌晨2点。这和我当初的设想相差十万八千里，失落的心情可想而知，甚至认为领导看不起我们，情急之下，我们决定"罢工"。

虽然"罢工"取得了"成功"，我们被调到了采访部门，但却给领导留下了"不服管"的恶劣印象。

到了采访部门后不久，第二记闷棍紧接着就来了：重要的采访任务从来轮不到我们，我们接手的都是些小报道。

等到终于有机会采访重要新闻了，我所看到的，却又大多是平时不愿意看到的阴暗面。这与我在大学里想象的生活有着天壤之别，我的心灵受到了前所未有的强烈震撼。

后来报社虽然勉勉强强让我转了正，但那时的我，在同事和领导眼里已经成了一个大事做不成、小事不愿干的人。难道我真的是他们说的那样吗？我一度感到十分压抑。

我想辞职，但又不甘心，在大学里我发表了那么多文章，我的才华和能力受到那么多老师甚至校长的肯定，为什么在工作中却处处碰壁？

于是，我决定找社长谈谈。一天下班后，我带着自己的作品敲开了社长家的门，社长见到我很惊讶。我说明了拜访他的原因，激动地将自己工作以来的失意、梦想和矛盾全部告诉了他。

在听了我近两小时慷慨激昂的"演讲"后，社长只是淡淡地说了句：

"很晚了，早点回去吧，好好干，会有大发展的。"

本以为会得到社长的理解和支持，没想到……

走出社长的家，种种失意一齐涌上心头，我的心凉到了极点。抬头一看，只有几颗寒星挂在天上。一阵秋风吹过，竟有一串凉凉的东西从我脸上滑落。我以为下雨了，伸手摸了摸，没想到是泪。

就在这种心灵的煎熬和思想的斗争中，我终于不堪负荷，一下子病倒了，在老家休养了几个月，心情一直十分低落。

大病初愈后，我漫步到湘江大桥。生活怎么是这样？怎么能是这样？……我不断地问自己。最终，巨大的幻灭感和绝望感使我突然觉得活着是一种巨大的负担。于是，我一步步跨向栏杆……

从死神怀抱中重新回到生活中来，我为自己曾做出如此愚蠢的举动而后怕，也不得不反思是什么导致我走到这一步。就在这时，我耳边突然响起普希金的诗：

"朋友啊，不要忧伤，生活本来是这样。"

它犹如当头棒喝：我一直在责怪生活，其实该责怪的是我对生活的片面认识！

就这样，我重新回到了现实，从虚幻的人生设想中惊醒过来，开始正视我的生活和工作态度。

我开始明白，生活没有错，错的是我对生活的认知；单位也并没有太多的错，错的恐怕是我自己。

我如何被 300 个字改变命运

尽管决定改变自己的态度，可到底该怎么改？我又一次陷入迷茫。

一天夜里，都一点多了，我还翻来覆去地睡不着，把同屋的老记者吵醒了。

他迷迷糊糊地坐起来问我怎么回事，我对他说："老吴，我困惑啊！"

可以想象，如果换成是你，半夜睡得正香的时候，被人吵醒，本来就已经很不高兴了，更何况他还要跟你说他的困惑。

老记者一下子就火了，冲我喊了一句："困惑困惑，整天就知道困惑，你就长着一张困惑的脸。"

平静了一下，他又语重心长地对我说："人为何要那么傻呢，为什么不先主动做好一件事给别人看看呢？"

这句话一下子把我惊醒了，以前我一直挑剔单位，而不是埋头做事，没有一点成绩，却又处处要求单位重视我，这怎么可能？

从那时起，我决定以自己的主动和成绩来赢得单位与同事的信任。

不久，机会来了。一次，单位组织旅游，路过某地时，大家停下来休息。我四处转了转，无意中走进了一家商店，发现里面的商品琳琅满目，生意很红火，于是就和这家店的老板聊起了天。

回报社后，我以这家商店为新闻切入点，写了一篇关于当地经济发展的稿子，总共 300 多字。

虽然字数不多，可领导看了后却表扬了我。因为社里本来没有给我安排任务，这次采访和写稿完全是我主动去做的。

这是我进入报社一年多来第一次受到表扬。心里的兴奋自然不用说，更重要的是它让我更加明白：与其处处挑剔，不如主动做事。

从那以后，我不仅学会了在工作中主动出击，而且领导分配给我的每一个任务，即使很小、很琐碎，我也会认真完成，争取做到最好。

业余时间我也在不停思考，寻找新闻线索，真正成为了全天候的记者。这样的主动、不挑剔，最终成就了我。

两个月后，我回家探亲，在没有安排任务的前提下，我利用假期采访了当地。

回单位后我写了一篇长篇报道，刊发后引起了很大的轰动。其中反映的问题引起了中央的重视，并很快拿出了解决措施，将县里的旧领导班子换掉，并下拨了部分资金，用以救济贫困山区。

不久后，我被选去参加中宣部和国家经济体制改革委员会召开的经验交流会，并在会上发了言。当时我刚 23 岁，是最年轻的代表。

后来，我又做了一套轰动全省的报道。省政府还专门为我开了一次庆功大会，会上省委宣传部部长号召全省记者向我学习。让我感触最深的是，社长也在会上号召全社向我学习。这让我不禁想起两年前我们谈话的那个晚上。

不过是短短两年的时间，我实现了从不得志的自杀者到知名记者的巨大跨越。是什么让我有如此大的改变？我认为就是职商。

在这两年中，我完成了 3 个转变：

从被动工作到主动工作；

从凡事挑剔到不找借口找方法；

从游离于单位外的"个体人"到自觉遵守单位规定的"单位人"。

每次回忆这段从失败到成功的经历，我都会想起比尔·盖茨写给大学生的 11 句格言，尤其是其中两条。

• "生活是不公平的，要学会适应它。"

这句话说得太好了。比尔·盖茨可以说是改变世界的人，他将世界带入信息社会，但这样一个改变世界的人，首先却说要适应世界。这说明，挑剔世界并没有用，不管生活的波涛如何汹涌，你还得先跳到里面学会游泳。

• "这世界并不在乎你的自尊，它期望你在自我感觉良好之前有所成就。"

这是比尔·盖茨对尊严的看法。在我们公司的一次小组会上，大家对这个观点进行了热烈的讨论，其中有三个观点概括了比尔·盖茨这句话的价值。

第一个人说："一个人不管是初出茅庐的学生还是职场老手，对他个人而言，尊严占很大比重，但对公司而言，只有做出成就，才能拥有真正意义上的尊严。"

第二个人说："强者用能力取胜，让别人给予他尊严；弱者需要别人在乎他、同情他，理解他的尊严。"

最后一个人说："每个人都认为自己是世界的中心，将自己的尊严看得重要无比。但单位不会为你的尊严买单，只会为你做出的成就买单。"

多一份主动，就多一份希望；先适应世界，才可以改变世界……尽管现在，我已记不清那300字文章的标题，但那300字所带来的改变却永久地刻在了我心里。

我如何在进入《中国青年报》后找到职场腾飞的关键

在省报干了几年后，我在众多应聘者中脱颖而出，进入了中国青年报社。

《中国青年报》一向非常注重个人发展，我感觉自己就像进入了新闻的自由天堂一样，做得格外起劲。

采访中央领导、得各种新闻奖，这些都让我真正感受到了人生的价值。

可没想到的是，我再次遭遇了职业瓶颈。尽管做了很多事，但我的成功得来的并不只有大家的掌声，还有无形的阻力。我隐隐地感到：领导对我并不重视，同事和我的关系也不是十分融洽。

我不明白，为什么做好了工作，大家对我还是不认账？

后来，我的师姐，也是我的顶头上级，很有深意地送了一本湖南作家唐浩明写的《曾国藩》给我。

开始我并没有在意，只把它当作一本普通的书看。可越往下读，越觉得有意思，从中领悟了不少职场的智慧。

曾国藩38岁就位居要职，相当于现在的副部长。他苦练湘军，打仗取得了巨大胜利。可在他做得最好的时候，也成了他最失意的时候。皇上讨厌他，大臣排挤他，连他最好的朋友左宗棠也骂他虚伪。他一气之下回到了湖南老家，非常苦闷，最严重的时候，甚至吐过血。

这时候，在弟弟的引荐下，他认识了一位老道士，老道士建议他细读《老子》、《庄子》。静心研读一遍之后，曾国藩非常感慨，总结出了一句话："大柔非柔，至刚无刚。"

所谓"大柔非柔"，是说一个柔和的人并不意味着柔弱。而"至刚无刚"，是指内在刚猛的人，其外在并不需要表现得很刚硬。也就是说，在处理和别人的关系时，即使再有能力和主见，也不要锋芒毕露，而要表现出柔和和谦逊的一面。

从此，曾国藩一改以往咄咄逼人的态度，变得处处考虑别人的感受，处处考虑环境的影响。之后，越走越顺，进入了职场的零阻力状态。

这些给我很大的启示。我们在职场中经常会进入一个误区，认为自己是一个好人，而且有能力，理所当然就应该成功。但曾国藩的例子却给我们敲了警钟，并非你是一个好人、有能力，就一定能取得成功。

从曾国藩的经历中，我找到了职场中从失败到成功的关键：在做好工作的同时，还要懂得处理好和环境的关系。

这种关系包括三方面：第一，与"天"——自然的关系；第二，与人——自己的关系；第三，与社会——别人的关系。

如果不懂得处理关系，就可能在职场中处处受挫。

当时我一位非常出色的朋友，他也在读《曾国藩》。在读完《曾国藩》后，他还总结出了一个"四气"理论：

锐气藏于胸；

和气浮于脸；

才气现于事；

义气示于人。

锐气藏于胸。人一定要有锐气，有锐气才有积极向上的生命力。但用好锐气需要智慧，智慧就在于一个"藏"字。

如果处处锋芒毕露、咄咄逼人，不仅会伤别人，更容易伤自己，而"藏"起来，就会让人少生很多阻力。

和气浮于脸。跟人打交道，要学会一团和气。和气能使人更容易接纳你，为你打开更大的空间。

蒙牛在打造自己的企业文化时，曾借用这么一句格言：

"太阳光大，父母恩大，君子量大，小人气大。"

君子与小人的区别，就在于量（胸怀）大，还是气大。

才气现于事。才气不是挂在嘴上的，而是体现在具体的做事当中，只有将每件事情做好，才能真正体现自己的才气。

义气示于人。义气在这里有两个概念：第一，我是一个为别人服务的人;第二,我是一个能够承担责任的人。能够承担的责任越大,发展的空间就越大。

读完《曾国藩》后,我和朋友在职场中都取得了很大的飞跃。同时,我也明白了,在职场中处理好"我和别人"、"我和环境"的关系的重要性。

作为职场人,除了能力,还要时刻培养自己的谦卑心、谦恭心,要有时刻归零的心态。只有这样,才能去掉工作中的阻碍,在职场越走越顺。

我自己当老总以后的感悟

当了10多年记者之后,我又在中国香港、美国一些著名机构做过副总裁、总裁,后来,我又创业成立了自己的培训和传播机构。

成为高级管理者后,我对用人有过很多思考:为什么有的员工天赋并不高,但却能够越做越好?而有的员工看上去很聪明,却没有什么发展?

这其实和职商有很大的关系。

我们单位有位员工,我和他的缘分起源于一堂课。他大学即将毕业那年,我到他们学校进行了一次演讲。之后,他主动和我联系,希望能到我当时做副总裁的那家美国机构工作,但我没答应。

两年后,我自己创业,他已经是一所民办大学的外联部主任,他再次要求到我的公司工作。他当时的职位和薪水都不错,而我的公司才刚刚起步，我犹豫再三，没有马上答应。

当时我们公司在做一个"白领成功培训班"的项目，他知道后，二话没说，利用周末主动到地铁里发宣传单，这让我非常感动。就这样，他加入了我们公司。

我让他负责业务。由于以前没做过，他进公司两个月也没有做成一笔业务。发工资那天，他做了一个让我意想不到的举动：坚决不要工资！

他说："我没有做成一笔业务，所以不要工资。但我相信我肯定能行。"

工资当然还是给了他，但他这番话，让我很有感触，于是送了他一句话："总有一扇大门会为你打开。"

果然，经过他的努力，在第三个月时，他做成了一笔大业务。慢慢地，他越来越自信，业绩也越来越好。

第四个月，他成为了我们公司的业务主任。第八个月，他被任命为总经理助理。

这就是一个高职商的典型例子。一个员工，只要能自动自发地做好一切，在老总心目中都是一流员工，哪怕起点低一点，也会有很好的发展。

我们公司还有一个员工，刚进公司时并不出色，虽然落落大方，但很不起眼，因此，我对她并不太在意。

但慢慢地，我发现她做事非常主动。本来她只是我的课程助理，但常常做点"分外事"：看到文秘很忙，就主动帮忙整理文稿；见公司的两个网站没人管理，就主动承担起了网管的职责；见地上脏了，就主动拿起扫把……虽然都是小事，却一点一滴地影响着我。很快，我提拔她为办公室主任。

她有四件事情，让我记忆特别深刻。

第一件事，刚进单位时她很坚定地说了一句话：

"吴老师，我是打算长期在这里做的，我也相信您的事业会有很大的发展。"

第二件事情是，有一次，我和她去中青在线做节目，效果很好，这本来应该让人高兴，但回去的路上，一想到离我们开第二期"白领培训班"只有三天了，却连一个报名的人都没有，我的心情一下子变得十分压抑。这时她对我说了一句话：

"吴老师，我是想在公司有很大发展的，我觉得，培训行业刚开始的难度会出乎我们的意料，但后来的发展也会出乎我们的意料。"

谁说只能上级影响下级？谁说只能上级培养下级的自信心？其实，下级也可以培养上级的自信心！

听完她的话，我不禁想起了新东方，它的创业不是也很艰难，但后来的发展不也是飞速的吗？这样一想，心情顿时好了很多，而第二天，就有人开始报名了。

尽管已经做得不错了，但我觉得她还需要再锤炼锤炼。

第三件事，恰巧有一次，因为一个小误会，一个客户打电话过来，不由分说把她骂了一通。她原本想向我诉苦，可我一直坚持"把'对'让给客户"的理念，因此我并没有安慰她，而是告诉她这件事她的确也有做得不到位的地方。当时她觉得很委屈，眼泪直在眼眶里打转。

没有想到的是，晚上我讲完课，8点多回到公司，她竟然一个人在加班。这让我非常感动。当时我想，她可以成为一个好的管理者，不仅因为她表现出来的各方面的素养，也因为她经受得了挫折和批评。

第四件事情反映了她负责的态度。3年前我出版了"甘霖60日思维训练"丛书，因为时间紧，校稿时我只是随便看了看就说："行了，就这样交给出版社吧！"

但她却坚持再仔细看一遍，然后自己加班加点校稿，果然，在封底发现了两个错误。她竟然比老板还负责！

这样的员工，不管在哪里，都会得到重视。

但也存在和她相反的员工。

我们公司有位员工，一次我让她到北大送一份材料，很快她就回来了。我以为她已经送到了，谁知一问，她根本没送过去，理由居然是"没有找到地方"。

而且这样的事已经不是第一次了，每次交代给她的事，她不是做不到就是打折扣。之后，重要的事情，我根本不敢交给她去做。就算是不太重要的事情，我也总是担心，不知道她会出什么纰漏。尽管几次找她谈话，但她还是意识不到自己的毛病，仍然我行我素。没办法，最后我只能请她离开公司。

我相信，如果她不下决心改变，无论到哪个单位，她都待不长久。

所以很多时候，在职场上，不同的职商决定着不同的命运。

"职商"，也就是职业智商，是一种职业和职场的综合智慧。2002年6月美国《商业周刊》首次提出"职商"这一概念后，引起了巨大的反响。其内涵主要有4个方面：一是职业化的工作态度，即"以积极的心态把事情做好"；二是职业化的工作技能，也就是"干什么就得胜任什么"；三是职业化的工作形象，也就是"看起来像做那一行的人"；四是职业化的工作道德，也就是"对品德、信誉的坚守和保护"。

这些年，通过自己的亲身经历以及从我们单位那些员工和很多职场人士身上，我深深体会到：

职场发展和成就看职商！

职场成功既要有能力，更要有出色的职商。职商，体现在从应聘开始到在单位发展的方方面面。我们不妨通过下面的章节来分享。

应聘：成功跨越那道门

让素养帮你打赢第一仗

应聘是我们进入社会后需要跨越的第一道门槛，它不仅决定了今后发展的基础，也决定了我们进入社会的起点，这个起点将会影响我们职业生涯的成就。

良好的职业素养，对于打赢第一仗至关重要。如果没有职业素养，可能连一个好的入门机会都得不到。

作为公司老总，我经常会亲自招聘员工，有两个应聘者给我留下了深刻的印象。

第一位是个研究生，有才气，文笔也好，尽管我很欣赏她，但迟迟下不了决心录用她。因为虽然她已经30岁，但处处显得很不成熟。

她说她曾经当过一天老师，结果却因为学生的顽皮而委屈得大哭。这让我很担心她的承受能力。接着她又说自己正在进修英语，犹犹豫豫地问我如果到公司上班，英语要是落下了该怎么办？

如果你是老总，面对这类应聘者，或许也会心中打鼓。尽管这样，但看在她很有才气的份上，我决定给她一次机会，让她回家好好准备一下，第二天 8:30 来复试。

第二天我一早就到了办公室，可等到 8:30，还不见她的人影。又等了 10 来分钟，接到她给我发的一条短信：

"对不起，路上堵车，我要晚到半个小时，请您等我一下。"

就在那一刻，我决定，哪怕她再有才气也不会录用她，因为她连守时这样最基本的职业素养都不具备，更何况其他的素养呢？

第二位是个本科生，在交谈的过程中，她很自然地将自己所学的专业和公司的需要结合起来，告诉我她的特长是什么，可以为公司的发展做哪些事情。

因为她说起话来有条不紊，而且句句扣紧自己可以为公司做什么，这让我当场决定录用她。

一个是研究生，一个是本科生，应聘的是同一个职位，看起来研究生似乎更有优势，但为什么结果是本科生赢了研究生？关键就在于职商！

不管是才高八斗还是学富五车，作为职场人，有一点必须明白，知识重要，素养更重要，知识只有和素养结合，才能真正发挥作用。否则，即使智商很高，但因为职商低，还是会在职场中处处碰壁，甚至让一些珍贵的机会白白溜走。

机会往往由素养决定，这种素养不仅仅是学识，更多的是内在的品质和修养。

曾经有两个人同时到我的公司应聘，两个人能力都不错，一时间我也不能决定到底该选哪一个。

在和他们交谈中，我无意中提到最近要做的一个项目，但目前还一点计划都没有。

两天后，我接到其中一个应聘者打来的电话，说这两天针对我说的那个项目，他做了一个完整的计划，已经发到了我的邮箱里，让我看看是否可用。

而另外一个应聘者则什么都没有做，就在家里等消息。最后我决定录用那个写出计划书的小伙子，并把项目交给他负责。

为什么我会录取他？原因就在于他很主动。这反映了一个人的素养，也就是俗话说的"眼里有活"。当没有对比的时候，也许你还不错，但如果有了比较，那个多走了几步的人，往往机会更多。

金利来的董事局主席曾宪梓曾经为了挑选总务，想出了一个测试应聘者的办法：他在楼道里故意放了一堆凌乱的报纸，扔了一个扫帚。第一个来应聘的人经过时，连看都没看，就直接走进了曾宪梓的办公室。曾宪梓当时就对他说："行了，你可以回去了。"

后来的一个应聘者，经过楼道时，不仅将扫帚捡起来放到一边，还将报纸一张张捡起来整理好。这一切，也被曾宪梓看在眼里。

当应聘者走进办公室时，曾宪梓对他说："行了，你被录取了。"

对于总务来说，细心、对每个细节都考虑周全是基本的职业素养，而这位应聘者的举动，恰好体现了这样的职业素养，所以被录用也是理所当然。

很多时候，不要以为只有面对面试官的时候，考试才真正开始，不经意的一举一动，恰恰是对一个人素养的最大考验。

只有你对别人关心，别人才会对你关心

不管是谁，要想应聘成功，一项必须做的准备是：对对方有一个全面的了解。如果连用人单位的基本情况都不了解，单位又怎么可能下决心录用你？

我们公司招聘时，收到了很多份简历，经过筛选，我挑选了几个看起来不错的人来面试。

我对其中一份简历很感兴趣，觉得那个女孩各方面条件都比较符合公司的要求，于是特别让办公室主任给她安排了一个小时的面试时间，并且叮嘱她来之前好好看我们机构的网站，这样我们在谈的时候，会更有针对性。

第二天，离约定面试的时间还有半个小时，女孩就到了。但正式面试时，我发现她对我们机构的文化和项目一无所知，很明显，她根本没有花时间了解我们公司。

因为没办法将自己的长处和公司的发展相结合，她的介绍显得有些无的放矢，本来想给她一个小时展现自己的时间，结果不到20分钟就结束了。

后来办公室主任在送她出去的时候说："你为什么不好好准备一

下呢？我已经提醒过你看我们的网站。哪怕你拿早到的这半个小时去了解一下我们公司，结果或许就不会这样。"

这个女孩应聘的失败，让我想起自己多年前去《中国青年报》应聘的事。

当时我在海南工作，了解到中国青年报社驻海南站要招聘一名记者，于是就投了简历。记者是个很热门的职业，当时递简历的人很多，有近百人。

虽然我已经写过不少有分量的报道，也得过一些奖，但当时的海南，可谓人才济济，到底怎么才能在那么多应聘者中脱颖而出呢？

就像兵法中所说的那样："不打无准备之仗。"尽管我对《中国青年报》并不陌生，是它多年的读者，但为了更加全面地了解它，我还是花了整整一个星期的时间，到图书馆把近两年的《中国青年报》全部找了出来，认认真真地读了一遍。

面试时，我被安排在第3个。与考官交谈的时候，我所表现出来对报纸的熟悉程度，让所有考官都感到很意外。

面试结束时，招聘的主要负责人当场决定录用我："就定你了，后面的应聘者我们都不看了。"

就这样，我用一个星期的时间，赢得了这个唯一的名额。

相比之下，那个到我们公司应聘的女孩，连短短半个小时都不愿意花，结果如何，自然也在意料之中。

我们常说"知己知彼，百战百胜"。了解他人是推销自己的前提。作为应聘者，面试前对用人单位做一个全方位、深入的了解是非常有必要的，这样才能迅速找到自己和用人单位的结合点，当用人单位需要的恰恰是我们的特长所能提供的时，自然就很容易脱颖而出。

其实，真正高职商的人，不仅在面试的时候，而且早在简历中，就会表现得对用人单位很了解，并明确表示单位的某些理念或者发展趋势和自己的想法是一致的。比如他们会在简历中写道："贵企业所提倡的'×××'理念，也恰恰是我所追求的，因为有共同的理念，我相信在为企业工作的过程中，会最大限度地发挥自己的能力，与企业共同发展和成长！"

毫无疑问，企业更愿意录用和自己发展理念一致的人，这样的应聘者往往有更高的成功概率。

可惜的是，很多人在求职时，简历千篇一律不说，发的时候也很盲目，最后都不知到底发了多少份、都发给谁了。甚至当用人单位打来面试电话时，你连是哪家公司都搞不清楚，不得不一再确认："我不记得了，能不能麻烦您再告诉我一下公司的名称？"

对你而言，只是想确定一下，但对于用人单位而言，你的分数马上下去了一大截。

很简单的道理，你连对方是谁都不知道，说明你根本没用过心。既然你不关心对方，那对方为什么要重视你，给你机会？

如果一件事值得你去做，就一定值得你去做好

一次，我要招聘一名新闻专业的毕业生，有个来面试的女孩各

方面都不错，体现了很好的新闻素养。

我基本上倾向录用她了，于是给她安排了一个小小的作业：回去后写一篇对应聘职位的认知和自己如何做好这份工作的想法，尽快发过来。

女孩离开后，又来了一位应聘的毕业生。她学的并不是新闻专业，不过综合能力也不错。于是我给她布置了同样的作业。

第二天上班，我一打开邮箱，就看到第二位应聘者发来的文章，在邮件中她写道："吴老师，这是我连夜写的，有什么不到位的地方，请您指教。"

文章洋洋洒洒有4000余字，看了之后，我觉得不错，她在我心中的印象分一下子增加不少。

但我还是想看第一位应聘者写的文章，比较后再决定录用谁。可三天后，我才收到第一位应聘者发来的文章。一看就知道她没有用心写，只有300多字不说，而且文字极为粗糙。以她的能力，如果用心写的话，绝对不是这样的水平。

不用说，我选择了那个虽然学的不是新闻专业却更敬业的大学生。

在职场中，有一种素养非常重要，那就是"如果一件事值得你去做，就一定值得你去做好"。这两个大学生都对公司的职位感兴趣，但第一个或许觉得自己有专业上的优势，或许觉得还有更好的职位在等着她，所以对我布置的"作业"，尽管做了，却敷衍了事；而第二位应聘者，尽管学的不是新闻，却连夜写了4000字的文章，先不说文笔怎么样，就凭这种要做就把事情做好的精神，就更值得培养。

但在职场中，像第一位应聘者那样的人很多。他们事情做了，时间和精力也花了，效果却总是无法让人满意。原因是他们只是为了交差和敷衍而做事，不是为了把事情做好而做事。

真正有职商的人，即使是应聘，也会努力做到最好。有时候，面试也不是一锤定音，面试之后可能还有考试，还有机会，甚至有可能反败为胜！

史蒂文斯到微软公司去应聘程序员时，凭着过硬的专业知识，轻松过了笔试关。对两天后的面试，他也充满信心。

然而，面试时考官的问题却是关于软件未来发展方向的，这点他从来没有考虑过，也没有任何准备，所以最终被淘汰了。

尽管如此，但史蒂文斯觉得微软公司对软件产业的理解令他耳目一新，让他深受启发，为此，他真诚地给微软公司写了一封感谢信："贵公司花费人力、物力，为我提供笔试、面试机会，虽然落聘，但通过应聘使我大长见识，获益匪浅。感谢你们为之付出的劳动，谢谢！"

第一次有落聘者给公司写这样的信，这也让微软的管理者看到了史蒂文斯身上和一般人不一样的地方。这封信后来被送到总裁比尔·盖茨手中。3个月后，当微软公司出现职位空缺时，史蒂文斯收到了录用通知书。十几年后，凭着出色的业绩，史蒂文斯成为了微软公司的副总裁。

尽管开始时在应聘中落选，但因为懂得比别人做得更多、更好，反而让史蒂文斯获得了意想不到的机会。我们不妨想想，假如遇到同样的情况，我们是否能做到像史蒂文斯一样？如果每一件值得我们去做的事，我们都能够做好，那么不管从事什么职业，都能获得很好的发展。

暗"试"比明"试"更重要

要想顺利过好应聘关，有一点需要明白，作为用人单位，总会尽可能全方位去考察一个人，以判断他是否适合这项工作。

对于用人单位来说，面试的时候，通过交谈和过去的经历了解应聘者固然很重要，但通过观察应聘者不经意间的一举一动，以了解更本质和更深层次的东西，往往更重要。所以通常用人单位不仅会在明面上考察一个人，也会在暗地里观察他。

中青在线的总经理刘小姐曾经跟我谈起她招聘时的一些细节问题。比如每次有人去面试，她都会先给对方倒一杯茶。而不同的人，对这杯茶的反应有很大的区别。

第一种人，看到别人给他倒茶，一动不动，心安理得地在椅子上坐着。

第二种人，双手接过这杯茶，连声称谢。

第三种人，立刻站起来，拿过茶壶，说："您别忙，我自己来……"

刘小姐认为通过这一杯茶，就能看到人的不同素养。

第一种人自不必说，很自我，觉得别人不管做什么都是理所当然的。

第二种人虽然有礼貌，但不够主动。

第三种人是"眼中有活"的人，会主动做事。

应聘可能在你以为还没有开始的时候早已经开始了，如果没有平时养成的好习惯，或许就会在第一时间丢掉了很大的素质分。

有个幼儿园招聘部门负责人，来应聘的有几十个人。应聘者通过面试后，被要求到操场去，带领小朋友玩。

应聘者各展所长，带领小孩子做游戏、唱歌、跳舞，每个人都展现了自己最完美的一面。

之后，负责招聘的工作人员让大家去园长办公室集合，由园长亲自定夺最后的人选。

经过操场的滑梯时，大家发现有个小姑娘正站在那里哭泣。但因为都急着去园长的办公室，所以谁都没有理会。

只有一个应聘的女孩停下来。一问才知道，原来小姑娘找不到妈妈了。

女孩心里很矛盾，如果带小姑娘去找妈妈，就会耽误去园长办公室，很可能会因此落选，但又不能将小姑娘一个人留在那里不管。

犹豫了几秒钟，女孩还是决定先帮小姑娘找妈妈。找到小姑娘的妈妈后，女孩惊讶地发现，小姑娘的妈妈居然是园长。

原来，这是园长特意安排的一场"特殊测试"。

在园长看来，在幼儿园工作，不仅需要专业水平，还要有一颗对小朋友时时充满关爱的心。

而这个女孩是唯一通过这场测试的应聘者。

所以，很多时候，考试往往从你决定应聘的那一刻开始。有什么样的素养，决定着你能推开什么样的职场之门。

一流素养能使你反败为胜

在面试中，并非每次都会一帆风顺，遭遇失败也很正常。但失败并不重要，关键是面对失败时，你会做出什么样的反应。

有位医学院的毕业生去一家医院应聘，顺利通过了初试和复试，但在最后一次由一位教授主持的临床治疗问答中，他却没有通过。

这位教授给每个应聘者出了一道考题：在 5000 米以上的高原，病人由病毒引起重度呼吸感染，发烧流涕、咳嗽、血压低，该怎样处理？

这个毕业生的回答是：采用常规疗法。这个回答被教授判了个不及格，按照教授的说法，还需要加用某种抗菌素药品。

这让毕业生觉得很奇怪，因为按道理，教授加用的那种药品是不应该用的。

面试结束后，毕业生沮丧地走出了医院，但他突然想："这次应聘虽然失败了，但为什么不把它当成一次学习的机会呢？如果能把自己的疑问弄清楚，以后遇到类似的问题，不就知道怎么解决了吗？"

于是他决定在医院门口等教授出来。

当教授看到他时，感到有些意外。听了毕业生的疑惑，教授告诉他："在常规情况下，的确不应该加抗菌素。但在5000米以上的高原就不同了。在那种情况下，病人有可能合并细菌感染，所以要用我说的那种药品……"

听了教授的解释，毕业生觉得受益匪浅，因为这些知识来源于丰富的临床经验，是书本上学不到的。

毕业生对教授表示了感谢，正准备离开，这时一直站在教授旁边的一位老先生用赞许的语气说："不错，落聘了不沮丧，还当成一次学习的机会。有这样虚心学习的态度，将来一定能青出于蓝而胜于蓝。这样吧，你明天来上班。"

看着毕业生惊诧的表情，教授告诉他，老先生是医院的院长。教授的问题难倒了很多应聘者，但毕业生是唯一一个留下来向教授请教"为什么"的人。在院长看来，作为一名救死扶伤的医生，好学、对待任何问题都刨根问底、穷尽各种可能是非常重要的职业素养。这也是院长决定录用他的根本原因。

毕业生的案例很值得我们思考。因为具备了良好的职业素养，毕业生从开始的落聘到最终得到院长的认可，获得了理想的职位。而在现实中，很多人尽管经历了一次次应聘的失败，却始终没有弄明白自己失败的原因。

我们公司因为招聘，这些年收到过的简历有上千封，面试过的应聘者也不下百人，这其中当然不乏出色的人才，但也有很多人的表现不尽如人意，甚至有些人我们一年后再次招聘时，发现他还在发简历应聘。

这其中特别值得一提的是，尽管很多人一次次面试失败，盲目地奔波在应聘的路上心力交瘁，却始终不肯花时间静下来想一想：我到底卡在了哪里？有没有地方需要我改进和提升？

就拿那些到我们公司面试的应聘者来说，最后没有被录用，肯定是因为有这样那样的问题。但可惜的是，从来没有一个落聘者问过："我很想知道，究竟是什么原因让我没有被录用？我非常希望自己能够改进！"

尽管看上去只是一个简单的问题，但体现的却是不一样的职业素养。首先，它可以让自己知道哪里不足、哪里还需要下功夫改进，成为职场真正需要的人。更重要的是，懂得时刻从自身找差距做起，恰恰是一流职业素养的体现，因为工作的过程，就是不断找差距提升自己的过程。有了这样的素养，不要说找到理想的工作不难，就算之前落聘了，说不定用人单位会再次为你打开机会之门。

职商：职场发展的根本

如果注意观察，你就会发现职场中这样的现象很普遍：学历、能力相当，做着同样的工作的人，有些人职业生涯一帆风顺，而有些人虽然在才智上不落下风，却永远达不到成功的巅峰。

为什么会这样？其中的差异到底在哪里？

比尔·盖茨："一流员工的 10 大特征"

比尔·盖茨常被问及作为一个优秀的管理者，应该怎样挑选人才。对此，比尔·盖茨总结了他认为"最杰出"员工的 10 个共同特征。

第一，对自己所在公司或部门的产品具有起码的好奇心。你必须亲自使用自己公司的产品。

第二，在你和客户交流如何使用产品时，你需要以极大的兴趣和传道士般的热情与执著打动客户，了解他们欣赏什么，不喜欢什么。你也必须清醒地知道你公司的产品有哪些不足，或哪里可以改进。

第三，当你了解了客户的需求后，你必须积极主动，乐于思考如何更贴近并帮助客户。

前面这三点紧密相关。一个一流的员工，必须对公司的产品、技术和客户需求有深入的了解，并有改进的愿望和实际行动。

第四，作为一个优秀的员工，必须和公司制订的长期计划保持步调一致。员工需要关注其终生努力的方向，如提高自身及同事的能力。

第五，在对周遭事物具有高度洞察力的同时，必须掌握某种专业知识和技能。

第六，必须能非常灵活地利用那些有利于你发展的机会。

微软公司会通过一系列方法为每一个人提供许多不同的工作机会。任何热衷参与微软管理的员工，都将被鼓励在不同客户服务部门工作。

第七，一个好的员工会尽量学习了解公司业务运作的经济原理，为什么公司的业务会这样运作？公司的业务模式是什么？如何才能赢利？

第八，好的员工应关注竞争对手的动态。

那些随时注意整个市场动态的员工，他们会分析自己公司的竞争对手的可借鉴之处，并注意总结，避免重犯竞争对手的错误。

第九，好的员工善于动脑子分析问题，但并不局限于分析。他们知道如何寻找潜在的平衡点，如何寻找最佳的行动时机。

思考还要和实践相结合。好的员工会合理、高效地利用时间，并会为其他部门清楚地提出建议。

第十，不要忽略了一些必须具备的美德，如诚实、有道德和刻苦。

通过这 10 个特征，我们可以发现，一个人要在自己的工作岗位上有所成就，就必须具备敬业精神、主人翁意识等。这些都是"职商"的重要体现。

具备了这些，不仅对个人来说，能够在职场上得到充分的发展，有时候对整个团队的发展也有着非常重要的作用。

提起净雅，很多人都不陌生，作为国内屈指可数的大型跨区域餐饮集团，不光在美食上技艺超群，服务也是远近闻名。

在净雅发展之初，由于资金出现了问题，需要向银行借款，但因为当时规模小，没有银行愿意冒这样的风险。

就在这个关键时刻，一位员工以自己的职业素养，帮助公司渡过了难关。

一天，净雅来了一位普通客人，坐下后，他只点了一碗最便宜的手擀面，一边吃还一边四处看，这很容易让人误解是一个没见过什么世面的乡下人。

但负责上菜的服务员并没有因为客人只要了一份手擀面就怠慢他，而是热情地过去询问他茶水是否凉了，是否还需要添加。

吃完面，客人十分满意地离开了。

第二天，净雅的副总裁张桂金接到了银行打来的电话，通知他们银行愿意贷款。这让张桂金喜出望外。一问之下才得知，银行之所以有这样的转变，都是因为那位服务员的表现。

原来吃面的客人是银行负责贷款的高层领导，他希望借吃面的机会对净雅做一个更细致的考察。

那位服务员周到贴心的服务让他印象深刻，他觉得有这样的员工，企业未来的发展不会差，于是决定贷款给净雅，帮助净雅渡过最艰难的一关。当然，那位服务员也得到了公司的奖励和重视。

如果服务员因为客人只点了一碗面就对客人"另眼相看"的话，那么就不会有客人满意而归、答应贷款给净雅的机会。可见职业素养是多么的重要。不要觉得做大事才要有素养，真正的素养，更体现在点点滴滴的小事中。

智慧高于知识，素养高于能力

随着社会的不断进步，很多人的知识背景已经越来越趋于同一水平。学历、文凭已不再是一些公司挑选员工的首要条件。

很多公司认为，正确的工作态度是雇用员工时应该首先考虑的，其次才是专业水平和工作经验。而这种正确的工作态度，就是职业素养！

2009 年一部名为《梦想就在身边》的电影引起了许多人的关注，剧中的主角以包揽了"鸟巢"三分之一 防雷接地和预留预埋工程的谭双剑为原型。他的名字被刻在"鸟巢"的纪念柱上，并受邀到"鸟巢"现场参加了北京奥运会开幕式。

或许很多人会想，能承接建设"鸟巢"弱电工程的人，一定是专家级的人物。而事实上，出身农家的谭双剑连初一都没念完。

刚到北京，谭双剑只是工地上最普通的一名小工。但他并不满足于此，在工作中，他对电工技术产生了强烈的兴趣，一有空闲，就去观摩电工怎么操作，有时电工中午赶活，他哪怕不吃饭也要站在一旁看。

别的工人干了一天活，下班后都想放松一下，喝喝酒打打牌。但谭双剑却一点时间都不愿意浪费，而是争分夺秒地学习专业书籍。通过努力，20岁的时候，他就拿到了行业认证的高级电工证书。

有一次，在实施一项弱电工程时，另外一个组安装的配电柜出了故障，面对难题，那组的电工束手无策，加上又怕承担责任，最后居然一走了之。这样一来，电路工程就没法接着往下做，这可急坏了负责项目的经理。

换了很多人，可能会想，反正跟我没关系，我才不会管。但谭双剑却主动提出来帮忙。刚开始，经理也很担心：连老电工都找不出原因，你一个毛头小伙子，能行吗？但也没有别的办法，只能让谭双剑试试。

没想到，经过认真细致的排查，谭双剑居然找到了故障的原因，然后又连夜将配电柜维修好，由此避免了数万元的误工损失。

为此，经理特意奖励了他2000元。尽管这笔奖励合情合理，但谭双剑却坚持只收下应得的加班工资，其余的一分钱也不要。

经理非常感动，同时也看到了这个小伙子身上与众不同的地方，而这也恰恰成为谭双剑生命中很大的一个转折。不久，经理接了一个交工时间很紧的大工程，出于对谭双剑的信任，经理把工程交给了他。

这也是谭双剑接的第一个"大工程"，他没有让经理失望，带着临时组建起来的30余人的队伍，每天天不亮就开始工作，一直干到夜里十一二点，最后不仅及时完工，而且保证了质量。

以此为起点，他组建了自己的施工队伍，专门承接电路电气工程，其中很多参建的工程都获得了优质奖项。后来，他凭着自己的实力，通过层层筛选，最后竞标成功，包揽了"鸟巢"三分之一的电气工程。

从农民工到"鸟巢"首席电工，谭双剑身上有几点职场智慧特别值得学习。

首先，有目标，知道自己要什么。尽管初中没毕业，起点很低，但他并不满足于做一个普通的小工，而是有更高的志向。明白了自己要什么，自然就会朝那个方向努力，也就是"明天我们要去的地方，决定了我们今天怎么走"。而在现实中，为什么很多比他起点高、拥有高学历的人，取得的成就反而不如他？一个重要的原因，就是他们从没想过自己的目标是什么，为了实现目标该怎么努力。

其次，学什么，精什么；干什么，专什么。正因为这样，他可以牺牲吃饭的时间向电工师傅学习；当别人在喝酒打牌放松的时候，他却埋头在专业书籍里。正因为有了过硬的本领，别人解决不了的难题他能够解决，这也成为他日后能够在"鸟巢"工程中竞标成功的关键。可惜的是，在现实中有很多人，同样的工作做了很多年，却还是半懂不懂的"半罐子水"，连本职工作都不精不专，没有发展也就理所当然。

另外，不计回报的付出和主动承担的负责精神。其他组的配电柜出了故障，连该组的电工都撂摊子走人了，而他却主动请缨，不计回报地主动承担责任、解决问题，自然会受重视。反过来，在工作中越斤斤计较就越得不到、越没有机会。

尽管刚开始时，论知识和能力，既没有高学历又没有经验的谭双剑可能并不占优势，但因为掌握了职场发展的规律和智慧，同时具备了优秀人士的职场素养，他的发展速度反而超过很多起点比他高的人。很多时候，能力重要，但素养更重要。有能力而缺素养，能力的价值也有可能发挥不出来。反过来，有素养，即使能力暂时不够，但也可以很快得到提升。

大机会，往往从有素养的小处降临

在我的《方法总比问题多》一书出版后不久，有一天我接到一位叫小齐的读者打来的电话，他告诉我，这本书给了他很大的启发，让他解决了一件很头疼的事。

原来，小齐在一家工厂的装配车间当小组长，虽然职位不高，但也管着十几个工人。

他发现，这些工人对一些剩余的小零件不太珍惜，常常随手丢弃，尽管他多次提醒也不见效。

副组长和小齐关系不错，小齐本想两个人一起想办法解决问题，谁知道副组长不仅觉得没必要，还认为小齐是小题大做。

这让小齐很为难，如果坚持，两人可能产生矛盾，对往后的工作也不利，可如果不说或轻描淡写，又起不到任何作用。

到底该怎么处理？在看了我的书之后，他想出了一个解决的办法。

一天，小齐拿着装满硬币和零钱的钱包，走到装配车间，故意将零钱扔在地上，然后一言不发地回到自己的工作岗位。

同事们看了都觉得莫名其妙，一边捡散落在地上的零钱，一边议论纷纷。

这时小齐走过来，对大家说："当你们看到我把零钱撒在地上时，都觉得浪费，所以捡起来。但平时你们却习惯把螺帽、螺栓以及其他一些零件随手丢弃，从不爱惜。

你们有没有想过，那些小零件就如同这些零钱，看似不多，可今天丢一点、明天丢一点，时间长了可是一笔很大的损失。"

大家一听，虽然没说什么，但都觉得有道理，从那以后，大家随手丢弃小零件的现象减少了很多。

小齐还告诉我，这件事后来被领导知道了，年底开总结大会时，领导还表扬了他，说尽管这是一件很小的事情，但体现了他创造性开展工作的能力。不仅如此，领导已经让他去做见习主任，很快就可以转正了。

我听了也很为小齐高兴，因为之前就有过几次接触，我知道他是一个负责任的人，所以对他的升迁并不感到意外，倒是那个副组长很让我思考了一番。

两个人同样是管理者，能力也应该不相上下，可为什么一个能很快发展，而另一个却只是原地踏步？

对于那个副组长来说，几个小零件，根本就不值得放在心上，更别说去解决。但他却不知道，工作中本来就没有什么大事，所谓的大事，也都是通过做好每件小事积累而成。而一个人的职业素养，都是通过小事去体现，而大的机会，往往就是在做好小事中获得。

在讲课的时候，很多人问过我同样的问题："吴老师，为什么我总是没有机会呢？那些和我差不多的同学、朋友都做得很出色了，可我还是老样子，难道是我的运气不好吗？"

这样的问题，让我想起著名节目主持人李响刚毕业时的经历。

从浙江传媒学院毕业后，李响进入湖南文体频道，做起了体育新闻主持人，同时还兼职做了编辑、记者。2000年悉尼奥运会的时候，他和一个同事花了 15 天时间，走访了熊倪、刘璇、李小鹏、杨云等 8 位湖南籍奥运冠军的家，几乎围着湖南省的行政地区图走了一圈。这期间，除了主持外，他还要采访、出图像、写稿。连续熬了几个通宵后，他终于做出了 8 期纪录片。后来这些片子都被央视要走，每当有奥运湘军夺冠后，就会播放相关的纪录片。

其实这些事，没有人要求他做，不做也不会扣工资，做了也没有人给他多加一分钱，但他觉得通过做这些，能把做电视的功夫全都学到手。对此，李响的总结是："我现在所有对电视的判断、敏感、积累，很多要归功于那个时候的锻炼。"

靠着点点滴滴的积累，李响打下了扎实的基础，机会也开始频频向他招手，他先后主持过湖南卫视的《超级女声》《快乐男生》以及江苏卫视的《绝对唱响》《名师高徒》等。2010 年 12 月，李响开始主持广受关注和好评的《职来职往》节目，并获得了《新周刊》主办的"2011 中国电视榜最佳生活类节目主持人奖"。

回顾刚入职场的那段经历，李响这样说道："现在很多年轻人特别爱讲'这事儿跟我的工作内容不相关'，算得很清楚，总觉得付出要跟收益成正比。其实来到你头上的事，那都是机会。"

"来到你头上的事，那都是机会"，这或许就是李响成功的秘诀。所以运气好不好、有没有机会，完全掌握在自己手里。如果能够养成把每一件与工作有关、有助于提升自己能力的小事都做好的素养，那么自然就会赢得好机会。

今天多走几步路，明天翱翔在高空

很多人对待工作的态度，总是能少做一点就少做一点。但优秀的人知道，要想更好发展，甚至成为单位不可或缺的人才，最大的窍门却是"多做一点点"。

我们来看看曾担任中国复关及入世谈判的首席谈判代表、原外经贸部副部长龙永图的经历。

毕业后，龙永图进入对外经济联络委员会工作，主要负责联络经济贸易，当时业务并不多，大多数时候在办公室也就是做做杂务、看看报纸。

有的人或许会庆幸有这样一份清闲的工作。但龙永图却想：一定要提高自己的能力，否则就是在浪费青春。

当时是十年动乱时期，工作上的事情很少，虽然他做的是外联工作，但一直没有和外国人交流过。尽管没有人要求，但龙永图为了提升自己，决定自己加强学习。

为了提高英语水平，龙永图给自己定了三点要求：①每天用英语朗读《参考消息》上的消息，并且背一篇重要的文章；②每天用英文自办一张《英美动态》这样的16开小报，以此来锻炼对新闻的判断和筛选能力，以及对英语的强记能力；③每个月看一场外国电影，与剧中人物对口型做同步翻译。

这样的付出很快就有了结果。

一天晚上，龙永图下班后照例在办公室给自己"充电"。这时，交际处处长突然找到他："主任约见外宾，咱们的翻译下班走了，现在找他来不及，你来翻译吧！"

于是龙永图责无旁贷地担当了翻译任务。他的表现让人很满意，连一些生僻的字都表达得很到位。

当时任对外经济联络委员会主任的方毅忍不住称赞说："这样好的翻译，为什么不用？"

就这样，龙永图脱颖而出。

牛顿说过："非凡的投入才有非凡的成就。"龙永图的经历，也给我们一个重要的启示：在职场的起点，大家的差异不会太大，而真正拉开彼此距离的，在于对待工作的态度。总是比别人多付出几分努力、处处多走几步路的人，才能获得属于自己的广阔舞台！

错过台上一分钟，白费台下十年功

我们都知道有句话叫作"台上一分钟，台下十年功"，说的是只有平时扎扎实实练好基本功，才能在台上把最好的一面展示出来。反过来，如果没有把握好台上关键的一分钟，那么平时的努力就会大打折扣，甚至全然无功。

我毕业后到了一家省报工作。有一次，因为采访，我急需跟正在某宾馆的一位领导联系。当时由于没有手机，我只能通过宾馆前台将电话转到领导的房间。

我拨通了宾馆的电话，却没有人接，我又重新拨了一遍，还是没人接。

拨到第4遍，电话终于接通了，听筒里传来前台服务员亲切而悦耳的声音：

"您好！"

当我告诉她将电话转接到领导房间时，她却告诉我，领导刚刚离开。

由于服务员没有及时接我的电话，我错过了和那位领导联系上的机会。

围绕这样的服务，我专门写了一篇600字的报道——《不要贬低"您好"的价值》。

报道刊登后，宾馆很重视，马上对这件事进行了调查。原来，那天负责接电话的服务员的父亲从外地来看她，由于父亲还没有吃饭，她就带父亲去餐厅吃东西，走的时候也没有交代别人替班，所以就出现了当时的情形。

服务员对父亲的感情可以理解，但她不应该忘记自己的职责，即使真的要离开，也可以交代同事暂时接替自己一下。她没有料到，自己离开10来分钟，会造成这样的后果。

更没有想到的是，这位服务员平时一直表现不错，宾馆本来准备提拔她当主管。但因为这件事，她不仅没有得到提拔，反倒被重罚。

就因为 10 分钟岗位的缺失，平时很多努力都白做了。

多年后，我在报纸上又看到一个同样关于电话的有名故事。

联合国某部门要在英国伦敦召开一次会议，筹备组人员准备从几家大酒店中选择一家作为会议场所。经过一次次对比、筛选，最终筹备组人员将目光锁定在两家酒店上，准备从中挑选一家。

筹备组的工作人员分别给两家酒店打电话，当第一家的电话响了 4 声还没有人接的时候，筹备组工作人员就将电话挂断了。

而第二家酒店，电话铃刚响就有人接听，声音热情而礼貌。于是筹备组毫不犹豫地选择了第二家酒店。

得到消息后，第一家酒店的负责人感到很意外，因为论资历和实力，自己的酒店都远远超过第二家。

当负责人了解到原因后，十分懊悔。原来当时有位推销员到酒店推销一种新的化妆品，值班电话员到门口看化妆品去了。

结果人一离开，筹备组的工作人员就打来了电话。

负责人意识到了问题的严重性，从此制定了一条规定：电话铃响三声之内必须有人接听。

电话响了一声就有人接和响了 4 声还没有人接，仅仅差了几秒，但获得的机会却完全不一样。

电话响了几声还没有人接，对于接听电话的人来说，可能只是刚好开了一个小差，但留给别人的印象却是松散、不职业化。

不要觉得平时做得不错就可以了，真正高职商的人，不管什么时候，工作的标准都应该始终如一。在前面两个例子中，工作人员不过是离开了几分钟而已，看上去似乎没什么大不了的，但就因为错过了关键的几分钟甚至几秒钟，平时很多努力都白费了。

很多时候，某一点上出了差错，不仅会影响个人的发展，甚至有可能影响整个企业的发展。我们再来看一个案例。

20 世纪 80 年代，拉特纳通过一系列宣传手段和收购活动使自己的企业成为世界上最大的珠宝品牌之一。但 1991 年，拉特纳却因为一句话而让自己辛辛苦苦建立起来的品牌毁于一旦。

在一次演讲中，拉特纳说自己品牌成功的秘密，在于它的很多珠宝"完全是垃圾"，他还开玩笑说拉特纳耳环的寿命有可能不会超过马莎百货公司的三明治。

这些"幽默话"引起了阵阵笑声，但拉特纳的投资者和消费者却不认为这是笑话。尽管拉特纳很快道歉，说指的仅仅是极少的几件珠宝，但已经晚了。

后来拉特纳品牌成为了"垃圾"产品和对消费者缺乏尊重的代名词。公司的股价从 3 英镑跌至不足 8 便士，消费者不再信任拉特纳品牌，集团也开始大幅亏损。

对此，伦敦英特品牌集团公司代理董事会主席汤姆·布莱克特说："消费者会因为购买了它的产品而感觉非常难堪，拉特纳已经不可能重现辉煌了。"

一个原本很辉煌、前景也很好的企业，就因为一句话而从此前途黯淡。

我们都说"台上一分钟，台下十年功"。一个演员登台演出，我们在为他精湛的表演而喝彩时，很少想到他为此在台下付出的精力和汗水。

同样，如果演员在台上出了差错，我们看到的也只是他的失败，而不会想到他之前的努力和奋斗。

你展示给别人的结果是什么样子就是什么样子，别人看不到过程、也不会在乎过程，这也是为什么我们一定要把握住在台上关键的那一分钟！

要坐金板凳，先坐冷板凳

一次，我在清华大学给职业经理人讲课时，让学员们分享各自的职场经验。

有位学员讲了这样一个故事。

一家大公司的副总裁职位空缺，公司两个部门经理都想试试，两人无论是学历还是能力都旗鼓相当，也各自有支持自己的员工。

两人于是开始暗暗较劲，员工们也都期待自己支持的经理当上副总，一时间公司的气氛有些紧张。

这时董事长从美国度假回来，了解情况后，做出了一个出乎所有人意料的决定：将两个部门经理一个调到一家偏远的分公司任职，另一个调去管仓库。这一决定立即引起一片哗然，大家对此议论纷纷。

被派去分公司的经理很不满，成天发牢骚，业绩不仅没有提升，反而有所下降。

而被派去管仓库的经理什么都没说，利用自己所学的管理知识，将仓库管理得井井有条。

4个月后，董事长做出决定，任命管仓库的经理为副总，对此，他的理由是："之所以会将他们调去任更低的职务，并非他们有什么错，而是希望两个人接受考验。

事实证明，被派去管仓库的经理通过了考验，所以他才是我们最合适的副总人选！"

其实，这是用人单位的一种考试，在提拔一个人之前，先要他经受多种考验。这不仅是对个人的磨炼，更是对公司负责。否则，把不合适的人放到了重要位置，最终损害的是整个公司的利益和发展。

那位被提拔的副总，就是讲这个故事的学员，在总结经验时，他说："我最深的体会是，要学会坐'冷板凳'。因为，会坐'冷板凳'

是坐'金板凳'的前提。"

这个理念,其实也是古代贤臣常说的"被抑不求急明"。也就是,即使在工作中受到压抑,也不要急着去解释和争辩,更不要只是发牢骚,而是用自己的行动和成绩展示真才实干。

另一位任一家管理学院副院长的学员,在课堂上表示对"被抑不求急明"深有感触。

他说:"大学毕业的时候,老师曾给我一个忠告——'闭一年的嘴',我埋头苦干了一年。结果,一年后,该有的都有了。在单位,有时候我也会遇到不得不忍辱负重的情况,但我并不会斤斤计较,结果得到的远比失去的多。

我认为,一个有培养前途的人,必须有一副能够忍受委屈的肚肠和一双承担责任的肩膀。"

像这样"被抑不求急明"的例子,在古代就有很多。

宋太祖去洛阳时,听说有个叫张齐贤的人非常出色,于是就召见他,让他谈国家的大政方针。

张齐贤洋洋洒洒谈了10多条,其中有几条宋太祖认为非常好,但对有几条却不认同,可张齐贤却坚持自己的意见。宋太祖一怒之下,让人把张齐贤赶了出去。

按常理来说,自己的意见不被君主采纳,还被赶了出去,一个人要是有这样的遭遇,心中恐怕会愤愤不平。

但张齐贤却像什么都没发生一样,表现得十分平和。

宋太祖回宫后,与弟弟(也就是后来的宋太宗)谈起了张齐贤,他认为这个人很有才能，可以把他培养成宰相。宋太祖去世，宋太宗继承了皇位，他一直记着张齐贤，于是派人把他找来，让他做了宰相。

很多时候，好机会来自好态度，当领导准备重用一个人的时候，并不一定只用欣赏眼光看他，相反可能会否定他、冷落他，以此来考验他。

所以，有时候，即使受到了"不公平"的待遇，也不要急着去辩解。"被抑不求急明"不仅是一种人生态度，也是工作中的一种战术。

"要坐金板凳，先坐冷板凳"、"会坐冷板凳，能坐金板凳"，这正是职场高级辩证法！

第二单元

一流员工的10大职业素养

敬业：只有你善待岗位，
岗位才能善待你

不怕起点低，就怕境界低

在我们公司的写字楼，有一位负责打扫厕所的女清洁工。有一天，我经过厕所时听见这位女清洁工在向工友抱怨："我儿子都十几岁了还不知道好好学习，难不成长大了也要和我一样去扫厕所？我都扫了整整10年的厕所了，现在所有希望都寄托在儿子身上，可他……"

尽管这是一位母亲在抱怨儿子不听话，可我想的却是另外一个问题：为什么她扫了整整10年的厕所？难道这10年来，她的境遇没有丝毫的改变？

这位女清洁工看上去老实本分，被她打扫过的卫生间总是干干净净。我们都说"三百六十行，行行出状元"，可一个勤劳的人怎么会10年来没有一点发展？

这个疑惑一直在我心头萦绕。有一天，当我第三次碰到同一件事的时候，我终于明白了问题的症结所在。

我发现女清洁工经常会和隔壁公司的男士发生争吵。原因是她在男厕所里打扫卫生，碰到有人要上厕所，别人会请她先出去一下，可她每次都说："请您等一下，我马上就扫完了。"

当别人再次要求她先出去一下时，她依然不紧不慢地做着清扫工作，还是那句话："请您等一下，我马上就扫完了。"

虽然她用了"请"和"您"这样的敬语，可我们不妨设身处地想想，当你急着上厕所，别人却总让你等等，你是什么感觉？而同样的情况，我一天中就碰到了 3 次。

她从事的是服务行业，首先为别人着想是她的职责，但她却相反，要别人为她着想。这也难怪尽管她工作很勤快、很努力，但 10 年来还只是一个普通的清洁工了。

其实工作并无高低、贵贱之分，同样是打扫厕所的清洁工人石传祥，不也将这份普普通通的工作做得人人传颂吗？

我后来遇到的一位普通员工，和这位女清洁工有着鲜明的对比。

有段时间，我住在北京小西天，整整大半年的时间都在写书。"甘霖智慧丛书"就是在那个时候完成的。

每次写得累了，我就会到附近一家理发店去洗头，放松一下。

第一次去，店里最年轻的一位洗头工引起了我的注意。她和其他小工最大的区别是：非常热情。我刚进去，她就像老朋友似的跟我打招呼，安排我坐下，因为店里人多，她很细心地给我倒了一杯水拿了一份报纸，让我耐心等一下。

我道了谢，顺口说："老板娘，你们家的生意很好啊！"

她连忙解释说："我不是老板娘，我只是打工的。"

我有些吃惊，看她对每个客人都那么热情周到，来的客人大都认为这家小店是她开的。

从那以后，我特别留意这个热情积极的女孩。通过交谈，我得知她刚从青海老家来北京，因为学历不高，工作不好找，只能从理发店的小工做起。

可她不像其他员工那样觉得工作没有前途就提不起精神，而是非常投入。

"哪怕给别人做事，也要当成自己的事做。"这是她最爱说的一句话。

不仅如此，她还是唯一要求星期六放假的员工——每周她要抽出一天时间上英语学习班。因为她平时表现出色，老板也就同意了。

因为看到了她身上与众不同的工作素养，我经常讲一些心理哲学方面的理念给她听，比如"没有卑微的工作，只有卑微的心态"。对此她的感触也非常大。不仅如此，平时我还会送她一些英语书籍。

年底时，我接到这个女孩给我打来的电话，一方面谢谢我对她的帮助，一方面告诉我她要回老家结婚了。

半年后，我从她原来的同事那里得知，她和丈夫一起开了家饭店，成了名副其实的老板娘，生意很好。

这个女孩走上创业之路是意料之中的事。不抱怨、不计较，处处抱着主人翁的心态去做事，她的事业，其实从她还在打工时就开始了。自己创业，也是顺理成章的事情。

英特尔总裁安迪·葛洛夫应邀到加州大学伯克利分校为毕业生发表演讲时，曾对毕业生提出过以下建议：

"不管你在哪里工作，都别把自己当成员工，应该把公司当作自己开的一样。你每天都必须和好几百万人竞争、不断提升自己的价值，虚心求教，这样你才不会成为某一次失业统计数据里的一分子。"

为什么同一份工作，不同的人去做，结果却截然不同？这其中的差别究竟在哪里？

正如足球教练米卢所说的那样："态度决定一切！"

是否以主人翁的心态工作，效果天壤之别！

不怕起点低，只怕境界低！

只有小演员，没有小角色

著名喜剧演员陈佩斯在没有成名之前，是一个经常演些跑龙套角色的小演员。可是他并没有因此而降低对艺术的追求，而是下苦功钻研每一个角色。

有一次陈佩斯演一个小匪兵，是一个小得不能再小的配角，谁也没有对他过多在意，导演也没有给他说戏。可陈佩斯却自己揣摩起来，把为数不多的几个动作都研究透了。

在表演时，陈佩斯发挥了自己的天分，虽是一个小匪兵，他却自己设计了一个表情，分外滑稽，一下子让这个小角色生动起来。导演一看，觉得这个小匪兵格外出彩，也发现了他身上的表演天赋。

从那以后，陈佩斯的才华逐渐被导演发现，也一步步走上了成功之路。

人生就像一个大舞台，我们每个人都是自己的演员，扮演着不同的角色。也许我们从事的是很平凡、很普通的职业，也许我们现在就是一个跑龙套的小演员，但如果能像陈佩斯那样，小演员身上也能闪烁出巨大的光彩，而这完全取决于我们自己的心态。

美国著名的职业演说家马克·桑布恩先生在他的《邮差弗雷德》一书中写了这样一个亲身经历的故事。

桑布恩刚刚搬入新居几天，就有人来敲门。他打开门一看，外面站着一位叫弗雷德的邮差。

弗雷德不同于桑布恩以往见到的邮差，他说起话来总带着一股兴高采烈的劲头，相貌虽然普通，却时时带着溢于言表的真诚和热情，让你的心情也跟着他一起愉快起来。

当弗雷德听说桑布恩是一个职业演说家时，就说："您出差不在家的时候，我可以把您的信件和报纸刊物代为保管，打包放好，等您在家的时候，我再送过来。"

弗雷德还解释说："窃贼会经常窥视住户的邮箱，如果发现是满的，就表明主人不在家，那你可能就要身受其害了。"

弗雷德的周到、细心让桑布恩感到既吃惊又感动。在之后的日子里，他经常能感受到这位邮差给他带来的惊喜。

当桑布恩不在家的时候，弗雷德会把塞不进邮箱的邮件，搁在他的房门和栅栏门之间，以便从外面看不见。如果那里也放满了而桑布恩还没有回来，他就把邮件留着，等桑布恩回来再交给他。

桑布恩从来没有见过这么体贴、周到的邮差，他开始在全国各地演讲弗雷德的事迹，大家都喜欢听弗雷德的故事，希望能从弗雷德身上学习到什么。

美国邮政协会还专门设立了弗雷德奖，专门奖励那些在投递行业认真工作，在服务、创新和尽责上具有同样精神的工作者。

弗雷德的故事让我们明白：只要认真投入地工作，再普通的岗位，也能做出不平凡的业绩。而对于积极负责、爱岗敬业的人来说，工作不仅可以给自己，还能给其他人带来快乐。

我们大多数人都像弗雷德一样，从事着普通而平凡的工作，但我们是否真的能像弗雷德一样，在自己人生舞台上演绎得那么精彩？

在人生这个大舞台上，永远只有小演员，没有小角色。这其中的差别，完全看我们自己如何对待。

如果我们用"小"的心来演绎自己的人生，那么只能是一个不受重视的小角色。如果我们用"大"的心去做好每件事，那么即使是小角色，也能演出主角的风采。

培养工作中的使命感

根据对工作的态度，我们可以将员工分为四种：

第一种是把工作当使命的员工；

第二种是把工作当爱好的员工；

第三种是把工作当饭碗的员工；

第四种是把工作当苦差的员工。

不用多说，相信谁都可以清楚地选择出自己到底要做哪一种员工。

日本著名企业家松下幸之助曾经收到同一个人寄来的几封奇怪的信，内容是相同的，就是请松下换一副眼镜。

寄信的是一个眼镜商，刚开始松下并没有在意，以为只是商人的一种推销手段，也就没有理睬。

但因为总是收到同样内容的信，松下终于忍不住了，就回信问眼镜商为什么要他换一副眼镜？

于是眼镜商人在回信中说明了原因："我看过很多你的报道，发现你总是戴一副很普通的眼镜。这在旁人来说没有什么不可以的，但是你不同。因为你经常要出国，会和很多外国人打交道。你戴着一副普通的眼镜，会让别人以为日本没有好的眼镜。所以请您为了国家的荣誉，换一副制作精美的眼镜。"

松下看了后十分感动，于是主动找眼镜商人换了一副好的眼镜。

显而易见，这位普通的眼镜商就好比我们前面所说的第一种员工，他们在工作中，非但不会感到枯燥和痛苦，反而可以融入自己的使命感从而获得更多的激情与动力。

当我们把工作当成是一种责任和理想时，就会不自觉地注入我们全部的热情和能量，并为这个理想不断地努力进取，那么即使没有人要求，也会自己把工作做到最好。

处处以专业的标准要求自己

我们看一个人工作得力不得力，往往会用"专不专业"来评判。要想在职场有好的发展，就必须处处以专业的标准来要求自己。

在做"白领成功培训班"时，很多学员都跟我交流过，其中谈得最多的一个问题，就是觉得工作太枯燥，没有意思。但也有人正好相反，刘小姐就是其中一个。她说："我从来都不觉得工作枯燥乏味。"

她和大家分享了她的经验。

她在一家期刊发行公司工作，刚进公司时只是一个打字员。

如果要说她和其他打字员有什么不一样，那就是她在工作中有一项乐趣——偷偷和其他打字员比赛。

起初，她选择了坐在她对面的女同事，那个女同事每分钟的录入速度是 120 个字，而她每分钟是 100 个字。

提高 20 个字，对她来说不难实现，但这为她的工作找到了动力，让她再也不觉得工作枯燥无聊。

一个月后，每分钟录入速度达到 140 字的她决定挑战自己的极限——向每分钟录入速度为 180 字的打字部组长看齐。而这个目标，经过努力，也被她实现了。

在这个过程中，她的变化被同事和领导看在眼里，因为她总能快速地完成工作，而且错误率极低，大家也开始对她刮目相看。

在年底的业务考核中，她获得了第一名。而机会也同时来临了——打字部的组长因为调换工作，她就成了最合适的接替人选。

但她并不满足只当一个打字员，于是又给自己定下了目标——向编辑看齐。

她开始利用休息时间向编辑请教一些专业问题，还买了相关书籍，每天规定自己至少看一到两个小时。一年以后，她考取了北大成人夜校的中文系，并最终获得了第二学历。

如今她已经是这家期刊发行公司的正式编辑，而她仍然不断在向更高专业水平的前辈挑战。在谈到自己为什么要这样做时，她说："要在单位立足，就得有对岗位的胜任力。要更好发展，就得有对更高岗位的胜任力。而这种胜任力，需要我们不断以专业的标准来要求自己而获得。"

的确如此，处处体现自己的专业素养，这是在职场获得发展最基本的能力。

"差不多"差多了

很多单位都有这样的员工：不管做什么，都浮在表面，差不多就行，他们从不愿意花功夫去琢磨怎么样才能做得更好，有没有更好的方式。对他们来说，工作只要"差不多"、能够敷衍过去就行。

毫无疑问，"差不多"是缺乏责任心的表现。而对于真正优秀的个人和企业来说，不要说大的事情上不允许"差不多"，就连很小的细节，也没有"差不多就行"。

永华电影城是著名的华纳公司进入中国影院市场的第一个合资项目，也是国内首家被外资影院公司冠名的电影院。

为了给观众提供最好的视听环境，华纳对管理的要求非常细致。刚开始时，华纳方面经常会派专人来永华影城，与中方人员进行沟通和交流。

一次，华纳方面的工作人员在巡视影城时，发现盥洗室有一块瓷砖坏了，由于瓷砖上面还贴着壁纸，所以并不明显，不仔细看根本发现不了。

华纳的工作人员马上提出让后勤部进行修理，但中方的工作人员觉得，这根本就算不了什么，所以既没有重视也没有解决。华纳的工作人员于是又给影城的老总打电话。刚开始，影城的老总也没有重视。为此，华纳的工作人员又专门去给瓷砖拍了照，然后通过电子邮件发给了他。华纳这种细致、不解决问题不罢休的态度，终于引起了影城的重视，最后问题解决了。

华纳对于细节的重视远远不止于此，比如，由于每天人来人往，影院里的地毯难免会有破损，但在永华，观众不会看到地毯卷角或者破损的情况。因为华纳方面规定了"地毯不允许磨损，地毯接缝处的线条一定不能脱落，地毯角落处一定不能卷起、揉皱"。

就是这种精益求精的管理模式，让中方的影城在学习国外先进经验的同时，也大大提高了自己的管理水平。

在工作中，"差不多"还是精益求精，结果有着天壤之别。

密斯·凡·德·罗是 20 世纪最伟大的建筑师之一，在概括自己成功的原因时，他只说了五个字："魔鬼在细节。"

在他看来，不管建筑设计方案如何恢宏大气，如果对细节把握不到位，就不能称之为一件好作品。细节的准确、生动可以成就一件伟大的作品，而对细节的疏忽，会毁坏一个宏伟的规划。

在美国，很多最好的戏剧院都出自德·罗之手。在设计每个剧院时，他都会精确测算每个座位和音响、舞台之间的距离以及由此导致的不同听觉、视觉感受，计算出哪些座位最适合欣赏歌剧，哪些座位最适合欣赏交响乐，不同位置的座位怎么调整才能达到欣赏芭蕾舞的最佳视觉效果。

不仅如此，他会对每个座位亲自进行测试，根据不同的位置测定合适的摆放方向、大小、倾斜度以及螺丝钉的位置等。这种对每个细节都不放过的精神，最终成就了一个伟大的建筑师。

确定和执行高的工作标准，就是工作责任的体现。要将这份责任落到实处，就要在我们的"工作字典"中删除"差不多"这三个字！

将简单的事做到最好

海尔总裁张瑞敏说过："什么是不简单？把每一件简单的事做好就是不简单；把每一件平凡的事做好就是不平凡。"

很多人在工作中都存在这样的误区：每天做的不过是很简单的事情，既不重要也没什么挑战性，随随便便应付过去就可以了。

其实，不管是看上去轰轰烈烈的"大事"还是非同一般的成就，都从做好一件件简单的小事开始。只要将每件简单的事做好，才能成就最终的"不简单"。

柯赫是德国细菌学家、近代微生物学的奠基人，是诺贝尔生理学及医学奖获得者。

进入德国格丁根大学医学院后，柯赫成为了病理和解剖学权威亨尔教授的学生。一天，亨尔教授将自己多年积累下来的论文手稿全部搬到教室，要求学生重新工整而仔细地誊写一遍。

由于手稿已经很工整了，大家都觉得没有重新抄写一遍的必要，甚至认为只有傻子才会浪费时间老老实实去抄写。当所有学生都丢下手稿去实验室做他们认为有价值的研究时，只有柯赫一个人坐在教室里，一笔一画认认真真誊写着手稿。在他看来，既然老师让他们这么做，就一定有它的价值。

一个学期后，柯赫把抄好的手稿送到了亨尔教授的办公室。看着工工整整的手稿，教授一边点头，一边对柯赫说了这样一段话："从事医学研究的人，不光要头脑聪明和勤奋，同时还必须具备一丝不苟的精神。要知道，医学上走错一步，就是人命关天的大事！抄写那些手稿的工作，看起来枯燥简单，却是一个打基础的过程，既是学习医学知识的机会，也是在培养一丝不苟的医学精神。"

老师的话深深地触动了年轻的柯赫，从此他将老师的话铭记在心，无论学习还是做研究，都一丝不苟，非常严谨。

我们都知道，传染病是危害人类健康的大敌，伤寒、霍乱、鼠疫、肺结核等传染病曾经夺去了无数人的生命，这些曾一度被称为"不治之症"。而柯赫的一生，都致力于细菌的研究。在他的研究成果中，有很多世界第一次：第一次证明了一种特定的微生物引起一种特定疾病的原因；第一次分离出伤寒杆菌；第一次发明了蒸汽杀菌法；第一次分离出结核病细菌；第一次发明了预防炭疽病的接种方法；第一次发现了霍乱弧菌；第一次提出了霍乱预防法……可以说，哪里有传染病流行，哪里就有他的身影，人们甚至把他称为"绝症的克星"。

而在这些伟大成就的背后，却是长时间在实验室、一遍遍简单重复对细菌的培养、分离等工作，没有这一次次的重复、失败、调整然后再重复，也就不会有后面的成功。

所以，不要看不起那些简单事情，连简单的事情都做不好，又怎么可能做更重要的"大事"？

就像一位著名企业家说的那样："把平凡的事情当作不平凡的事情做，把不平凡的事情当作平凡的事情做，这就是成功的起点。"

发展：与单位需求挂钩，才会一日千里

单位只为你的"使用价值"买单

在培训的过程中，我经常听到这样的抱怨：我有能力、有学历，以前在别的地方做得也不错，为什么我现在在这里的待遇却和我应该得到的相差很远？这太不公平了！

到底是不公平还是自己不值那个价，这个问题，值得很多人思考。

我认识一个经济学的博士生，刚开始好几个大公司都争相聘请他，而且开出的待遇都不低。

这原本是件好事，但奇怪的是，这个博士生无论在哪家公司都待不长，总是没几个月就被辞退了。

为此他非常苦恼，于是就问我："吴老师，为什么我在每家公司都干不长呢？我觉得自己是一个对工作很认真的人啊！"

通过交流，我帮他找到了原因。刚开始时，别人争相聘请他，是因为看中了他的学历。可到了实际工作中却发现他的学问只停留在书本上，根本不实用。

可他并没有意识到自己的问题，还是死抱着自己那套纸上谈兵的理论不撒手。那些聘用他的公司，原本对他抱有很大的期望，结果却发现他不仅不能给企业带来活力和效益，反而在无形中起了负面的作用，无奈之下只得请他走人。

听完我的分析，他沉思良久，感慨地说："我一直觉得自己是博士生，比别人强。但进入职场我才明白，企业不是慈善机构，它只会为你的使用价值买单。哪怕你有研究生、博士生的学历，哪怕你才高八斗、学富五车，但如果你的学识和能力只有百分之十对企业有用，企业就只会对这百分之十买单。而剩下的百分之九十，没有哪个企业会一起买单。"

亏本的买卖谁也不会做，换了我是企业的老总，我同样也不会买单。

换句话说，你为企业创造了多少财富，企业才会相应给你多少财富。

的确是这样，对于企业来说，你的重要程度不是由你的价值来决定，而是由你的使用价值来决定。

所以，在我们抱怨自己不受重视、得到的太少之前，不妨先问问自己：我付出了多少？我用自己的能力为企业创造了多少价值？我究竟是这个企业可有可无还是不可或缺的人？弄明白了这些，或许我们就能找到自己"怀才不遇"的真正原因。

个人发展要跟上单位发展的主旋律

在职场中，很多人有这样的困惑：

"我自认为兢兢业业，为什么还是不受重视？"

"我已经很努力了，为什么总是费力不讨好？"

"我有很好的想法，为什么总不被领导采纳？"

到底是什么导致了这些？其实，在职场中要想脱颖而出，有一点非常重要，那就是不能盲目努力，而要找准着力点，将个人的发展和单位的发展紧紧结合起来。简单地说，就是自己所想所做的，正好是单位需要的。

郭敬明是国内最知名的 80 后作家之一，曾于 2012 年登上《福布斯》创业排行榜，也是唯一的上榜作家。无论写小说、做电影导演还是自己做公司，郭敬明都做得有声有色。而在职场中，郭敬明也很懂得职场的智慧。

2012 年，因为表现出色，郭敬明升职为长江出版集团北京图书中心总编辑。刚到长江出版集团的时候，郭敬明有很多自己的想法，比如他特别看好时尚漫画这个市场，非常希望多拓展这方面的选题。但他的理念和社领导存在比较大的分歧。社领导认为，中国的时尚漫画市场还不成熟，如果在这方面投入太大会有风险。尽管郭敬明尽力说服社领导，但社领导还是建议他先别着急。

既然这样，郭敬明也就不再坚持，他觉得，社领导肯定有自己全盘的考虑。于是他沉下心来，把主要精力都投入到小说的策划当中，策划出版了一系列市场反响很好的书籍。当社领导看到他的实力、对他有了充分的信心之后，郭敬明再一次提到了时尚漫画的选题，这一次，社领导没有再否定，而是给予了支持。

郭敬明的案例，给了我们很好的职场启示。很多人抱怨自己没有机会、好的建议也不被采纳，是因为他们没有弄清楚两个基本问题。

首先，自己是否具备了与单位发展和需要相匹配的能力。拿郭敬明来说，作为出版社，最需要的是具有策划出版能力的人才，假如郭敬明不具备这样的能力，出版社不可能给他那么好的资源和位置，即使暂时给了他位置，也不可能做得长久，更没有上升的可能。所以，每一个希望在职场上有很好发展的人，都不妨先问问自己：单位最需要什么样的人？我和这样的人存在怎样的差距？只有明白了这些，才知道自己该往哪里努力，也才能真正将自己的发展和单位的发展紧密联系在一起。

其次，在提出建议之前，自己是否已经做出了让大家认可的成绩。很多时候，我们有好的想法和建议却不被采纳，不是因为想法和建议本身有问题，而是我们自己做得还不够好，领导对我们没有足够的信心。比如，在领导还没有看到自己的能力之前，郭敬明就提出了做时尚漫画的选题，被社领导否定也就理所当然。而通过策划出版一系列有影响力的书籍、让领导看到他的实力之后，再提出做这类选题，获得支持也就是意料之中的事。所以，先学会做几件漂亮的事得到大家的认可，再去提自己的想法和建议。

是选择钱，还是选择路

新加坡著名"纸业大王"黄福华先生，曾经给我讲过这样一件事。

有家公司想以高价挖走他手下的两位员工。其中一位员工看到对方出价比黄先生高，于是很快就递交了辞职信。黄先生对他说："你再考虑一下，那家公司很可能只是利用你。"

但那位员工没有听黄先生的劝告，而是坚决地投奔了那家公司。

而另外一位员工高小姐却拒绝了那家公司的高薪，留在黄先生的公司，一直勤勤恳恳地工作。

后来跳槽的那位员工果真如黄先生所料，没多久，当那家公司利用完他之后，就把他辞退了。

而选择留在黄先生公司的高小姐，如今已经是公司中国区的总裁。

后来黄先生在和我谈到如何招聘员工时，说了这样一番话："招聘员工，一定要看应聘者是选择钱还是选择路。如果他选钱，那么就不必太在乎他。如果他选择路，那么就值得你去栽培。选择钱的人看到的只是眼前的小利益，而选择路的人却看得长远。尽管选择路，刚开始可能很艰难，但走到最后却是一条黄金之路。如果连路都是黄金铺成的，还怕没钱吗？"

这个比喻很形象。另一位著名的企业家也曾经说："获得成功的捷径有两条，一是选对一条路，二是跟对一个人。"虽然这个观点并不全面，但也有一定道理。

选择正确的路，会让你少走很多弯路，只要坚持下去，就容易获得成功。

而跟对一个人，不仅因为他可以给你提供好的发展机会和平台，你还可以从他身上学到许多东西，用最快的速度提升自己，甚至终身受益。

可惜的是，很多年轻人选择工作时只会问"月薪多少"、"工作时间长吗"、"有哪些福利"、"有多少假期"以及"什么时候调职调薪"。他们忽略了一些更重要的东西，那就是："我在工作中是否能找到一位好的导师？""我能学到哪些有用的东西？""有哪些制度和措施能够让我快速成长？"

在职场的起点，是先选择"钱"还是先选择"路"，往往决定着将来在职场上不同的发展。

在给很多大学毕业生做培训时，我都会给他们一个忠告："毕业第一年，别谈待遇，而是先埋头学习和苦干。"因为好的机会和待遇，是为那些有能力的人准备的。

别太在乎自己，地球不会因你而不转动

在职场中，我们经常看到这样一类人：因为有能力或者资格老，就觉得自己很重要，单位离不开自己，甚至"恃才而骄"，既不好管也不服管。

事实上，不管少了谁，地球都不会因此而不转动。即使伟大如乔布斯，在他离开之后，苹果公司也还是在照常运转。所以，在职场中，不要太在乎自己，把自己看得过高的人，往往跌得也会更重。

叶小姐是一家公司的办公室主任，因为跟随老总最久，她总觉得自己资历深，处处高人一等，把谁都不放在眼里。

一次因为工作上的事情，叶小姐和同事发生了争执，一气之下便去找老总评理，可老总觉得首先是她做得不对，所以没有理会。这让叶小姐觉得既恼火又没面子，一气之下就拎起包回了家，并且一连几天都没去上班。

叶小姐是这样想的，自己是办公室主任，公司的资料和重要文件都由她掌管，别人根本不知道放在哪里。自己不去上班，大家就没法工作，到时候老总自然会请她回去。

第二天，叶小姐果然接到同事的电话，说老总让她去上班。叶小姐心中暗笑，但没有理会。

一个星期过去了，叶小姐一边想象着办公室乱成一团的情景，一边趾高气扬地来上班，但当她推开公司门的一刹那，她觉得眼前

的一切跟她想象的一点都不一样。

大家都各就各位，有条不紊地工作着，丝毫没有忙乱，而看到叶小姐来了，大家也只是礼貌地打了个招呼。叶小姐一下子就少了几分底气。而到了老总办公室之后，老总的一番话更是让她从头到脚凉了个透："很抱歉，我以为你不来了，已经让其他员工顶替你的位置，负责办公室的工作。"

自己竟然被辞了，这让叶小姐十分意外。她不明白前几天还打电话请她来上班的老总，为什么短短几天就改变了主意？

原来在叶小姐罢工的头两天，工作的确是有些混乱，重要资料都找不到。可在大家的努力下，该找的资料找到了，要用的文件也整理清楚了，大家也就恢复了正常的工作状态。

可能有些人觉得，不过是一个办公室主任而已，工作也不见得有多重要，替换掉也就替换掉了。可如果是技术精英、营销高手、管理奇才，又能怎么样？其实在职场中，谁都没有优秀到无可替代。如果处处只在乎自己，那么即使团队一时无法离开你，你也会在将来被列入替换的名单，因为一个很简单的道理，对于任何企业来说，一个精诚合作的团队，远远比一个才高八斗的"独行侠"重要得多。

主动：从"要我做"到"我要做"

你是雇员，但你更是主人

在单位里，员工往往分为五种。

第一种，自动自发的员工。这种员工除了做好自己的本职工作，在没有安排的情况下，还能根据单位发展和规划的要求，主动找事做。这样的员工，也是单位最有发展潜力的员工。

第二种，执行力强的员工。这种员工会根据领导的安排，将工作落实到位。他们会得到上级的信任，上级会放心地将工作交给他们。这样的员工，在单位也会有不错的发展。

第三种，打折扣的员工。这种员工在工作的时候，总是推两步走一步，处处打折扣。要用这种员工的话，只能不断地进行教育和督促。

第四种，混日子的员工。这种员工对工作没有什么要求，做一天和尚撞一天钟。一旦公司在用人上出现变动，他们往往是最先被淘汰的人。

第五种，"烂苹果"员工。这种员工不仅自己的工作做不好，还会给其他员工带来负面和消极影响，对单位的发展、团结起到破坏作用，属于"害群之马"。这样的员工，就像"烂苹果"一样，要第一时间拣出来扔掉，以免影响别的"苹果"。

而职场成功的关键，就在于是否具有自动自发的主人翁精神。进入职场后，我们要明白一点，我们不仅仅是雇员，更是自己和所任职位的主人。而所谓主人，在某种程度上来说，就是处处主动的人。

有一次，华盛顿里兹·卡尔顿酒店的一个行李员接到一个离开不久的客人打来的电话，说自己将一份重要的文件落在了酒店里，这份材料客人第二天早上9点在纽约出庭时需要用到。

而当时不管是客人回来取或者酒店派人将文件送到机场都来不及了，因为半个小时后，客人乘坐的从华盛顿到纽约的飞机就要起飞了。

听着电话里客人焦急万分的声音，行李员下了一个决心：搭乘当晚最后一班飞往纽约的飞机，赶在第二天9点前将文件送到客人手上！

尽管他知道，按规定酒店不会给他出路费，但他认定了帮助这位客人是他工作的一部分，虽然员工守则中并没有要求一个行李员这样做。

当客人在法庭门口接过文件时，感激之情无法言说。在返程的飞机上，行李员开始担心：工作时间自作主张地跑到纽约去，不知道自己会不会被炒鱿鱼。

一到酒店门口，他发现气氛和往常有些不同，总经理、部门经理都站在门口列队等候，很显然会有很重要的客人入住，这是酒店的传统。

当他发现欢迎仪式是为他准备的时候，不由大吃一惊，不知道发生什么事了。

原来他还在飞机上时，那位客人就给酒店打了电话，对行李员大加赞赏，觉得一个普通的员工能做到这样非常了不起，并且表示以后到华盛顿去，一定还会选择住在拥有这样优秀员工的里兹·卡尔顿酒店里。

不仅如此，这件事还被《纽约时报》的一位记者发掘，写了一篇非常感人的报道，一时间大家都知道里兹·卡尔顿酒店有一位主动帮助客人的员工。

里兹·卡尔顿酒店也因此声名大振。酒店为了表彰这位员工，还特意开展了向他学习的活动。

这位行李员的故事，恰好说明了职场成功的关键法则，在任何单位，要成为最受欢迎的人，必须做到两点：

第一，要成为一个主动解决问题的人，而不是躲避问题，更不是在问题面前只懂抱怨的人！

第二，要成为一个自己有"推动力"的人，而不是等着别人推动，更不是推了还不走的人！

你是下级，但你能影响上级

要想在职场中发展，有一个绕不开的话题——怎么和自己的上级相处。

与上级的关系处理得好，上级就有可能成为你职场发展的"贵人"，反过来，上级就可能成为你职场发展的阻力。

很多人都有这样的误区：只有上级影响下级，下级哪有可能影响上级？既然他是上级，那他怎么说我就怎么做，服从就可以了。

实际上，对于很多上级来说，他们并不希望下级对自己唯命是从、敬而远之。首先，上级也是人，也需要来自下级的关怀；另外，上级也有不足，希望下级用自己的能力去弥补；此外，上级并不愿意下级只是一个机械的"应声虫"，而是希望下级通过自己的思考提出更具创造性的工作思路。

而这些都说明了下级能够通过有效的方式影响自己的上级。

著名心理学博士、美国威灵基金会（北京）董事长徐浩渊女士，讲述了她十几年前在美国成功影响上级的一次经历，或许可以给大家一些启示。

当时她在美国读博士，同时也在实验室工作，她的领导是一位不太招人喜欢的男士，他对美国人和中国人的态度截然不同。尽管他是中国台湾人，但他从来不说中文。这让周围的中国人对他很不满。

徐女士一直很留心地观察他，通过分析，直觉告诉她：他肯定受过伤害！

后来徐女士了解到，这位领导初中时就一个人到美国读书，成绩很好，但因为长得瘦小，经常受欺负。

为了找到认同感，他努力学英语，以便消除口音。可他学习越好，反而在学校里挨打的次数就越多。后来，即使当上了大学教授，但小时候的伤痕和自卑感仍然根植于心。

了解了这些之后，徐女士开始理解他，同时也像关心弟弟一样关心他。

一次，徐女士看似无意地告诉他：一位中国小女孩在美国的大学入学英语考试（SAT）中拿了满分。他听后愣了一下，有些吃惊，因为尽管他在读书时也是学生中的佼佼者，但从没有得到这么好的成绩。看得出来，他也为自己的同胞能够这么出色而感到高兴。

徐女士性格开朗，不管是跟系主任还是实验室打扫卫生的清洁工人，她都能相处得很好，与大家打成一片。

有一天，这位领导对她说："浩，那些美国人还挺喜欢你的。"

徐女士趁机说："因为我也喜欢他们！"

听了徐女士的话，这位领导若有所思地沉默很久，看得出，这句话对他触动很大，因为他的内心一直对周围人不信任和恐惧，所以才会表现得冷冰冰。

通过平时的点点滴滴，徐女士不断地影响着他，让他在不知不觉中也有了很大的改变。

有一天，她的领导居然在实验室开心地说："明天是周末，放假喽！"

同事们都觉得很惊讶，而徐女士却真心为他感到高兴：他心中的坚冰终于开始融化！

而领导的这种改变，不仅让他自己变得轻松，也给整个实验室带来了很大的改变。以前只要领导一进实验室，空气密度似乎就加大了，所有人战战兢兢，即使有问题也都沉默不语。而现在，整个团队的沟通开始变得畅通，不仅团队的凝聚力增加了，而且效率有了明显的提升。

徐浩渊的经历告诉我们，只要方法得当，下级也完全可以影响和改变上级。

在工作中，关于如何影响上级，有几点需要特别注意。

第一，否定之前先肯定。也就是在提出不同意见之前，要先学会肯定上级的想法。比如，上级的某一个决策，在现实执行过程中可能会存在问题。那么即使要影响上级对决策进行调整，也不能张口就将上级的想法否定："我认为您的决策有问题。"因为上级和你站的高度不一样，他那么做或许有你没有考虑到的更深层的原因。所以即使有不同意见，也不妨先说："您的构想非常好，如果能够实现，那对整个团队有很大的价值和意义。"

第二，要有理有据有节。简单地说，就是影响上级的理由要很充分，在跟上级就某个问题提出不同看法时，要对问题的利弊进行中肯的分析，同时，在整个过程中，要把握好分寸，不要把话说得太满、太绝对，而要懂得节制。

第三，分步骤和层次去影响。尤其是在比较重大的问题上，如果想要影响自己的上级，不要急于求成，希望一次就解决问题，而是可以分步骤和层次，一点点去改变和影响。

超越分内事，机会不请自来

在给企业管理者做培训的时候，我经常会问他们一个问题：什么样的员工是你们最不喜欢的？其中很多人的答案是：把分内事和分外事分得很清楚的员工。

台湾最大出版集团城邦的 CEO 何飞鹏在他的畅销书《自慢——从员工到总经理的成长笔记》中写了这样一件真实的事情。

一位从外国留学回来的主管，拒绝了何飞鹏交付的一项临时性工作，理由是这件事与她的职位和工作无关。

对此，何飞鹏这样写道：

"我不能勉强她，也不能说她错，因为确实和她的分内工作无关，但从此我对她的印象大打折扣。理由很简单，她在公司内不是'好用'的人。虽然她在本分的工作内称职负责，可是当公司有变动、有急用时，她僵硬的态度，画地自限地自外于公司的需要，自然无法与公司同舟共济。"

不仅如此，何飞鹏还进一步强调，像这种不顾组织和团队需要的人，将是企业不断重整中被优先淘汰的人。

反过来，能够把分外事当成分内事去做的人，机会往往会不请自来。

小谢本科毕业后，只身来到北京，想找一份工作。可刚到北京，就因为小偷光顾，身上的钱和证件都被偷走了。没有证件，好的工作根本找不到，无奈之下，她只得到一家公司里做起了清洁工。

尽管做的是最底层的工作，但小谢并没有抱怨，而是踏踏实实做事。她发现每次清理垃圾筒时，里面都有一些公司废弃的资料和文件。她觉得这样不妥，万一一些商业秘密被楼里的其他竞争对手拿到，会对公司造成不必要的损失和麻烦。

于是趁着打扫总经理办公室的机会，她向总经理说出了自己的想法。

总经理听了很吃惊，因为之前废弃的资料都会由办公室秘书用碎纸机处理。一问之下，总经理才知道公司的碎纸机已经坏了两个月了，办公室负责采购的人员因为忙，就将这件事忘得一干二净。

不用说，办公室的相关人员因此受了处罚。在得知小谢是本科毕业之后，总经理感到很意外：一是作为一个本科生，她却能够以平和的心态踏踏实实做好一份清洁工作；二是公司废弃的文件怎么处理，本来不是她的事，但她却能从公司的利益出发，当成自己的事情去对待。

因为这两点，总经理觉得她很有潜质，值得培养，于是让她先从文秘做起，最后一步步成为了总经理助理。

小谢和前面何飞鹏所说的那个留学回来的主管形成了鲜明的对比。就那位主管来说，如果抱着"我只做好自己分内的事，至于公司有没有需要我可不管"的心态，是不可能有好的发展的。道理很简单：你对公司一点额外的付出都不愿意，公司为什么要把额外的机会给你？

如果想要在职场获得更多的机会，那么即使是分外事，只要和工作、和单位有关，也要把它当成自己的分内事去对待。

先让自己的付出超过报酬，报酬才会超过你的付出

在职场中，不少人有这样的心态：公司给我待遇又不是很好，我干吗要那么努力干活？

那么，不妨听听著名成功学家拿破仑·希尔是怎么说的："提供超出你所得酬劳的服务，很快，酬劳就将反超你所提供的服务。"

一天中午，北京著名的五星级饭店——长城饭店的一名工作人员送一位准备飞往日本大阪的客人去机场。在候机厅里，他听到由于天气原因，飞往大阪的航班至少要推迟半个小时。

他马上想到：从北京飞往大阪要 3 个小时，而大阪机场在下午 3：30 就会关闭。也就是说，按照这个时间推算，客人今天乘坐的这趟飞往大阪的航班只能取消了。

于是他立刻一边打电话回饭店，将情况进行汇报，让饭店做好接待客人的准备工作，一边向机场的值班室走去。

果然不出他所料，因为这趟飞往大阪的航班取消，航空公司的相关负责人正在焦急地联系酒店，为滞留的 150 名客人预订房间。

这位工作人员一边向负责人做自我介绍，一边拿出了长城饭店的报价单。尽管长城饭店的价格比别的酒店贵了不少，但负责人最终还是选择了长城饭店，原因是负责人联系的那些酒店，都无法在仓促之间腾出那么多空房间同时安排 150 位客人，只有事前有所准备的长城饭店具有这样的接待能力。

这位工作人员，不仅为酒店创造了利润，而且他的那种主动精神，也为自己赢得了很好的发展。

对于那位工作人员来说，非常可贵的是，在做这件事的时候，他并没有想：酒店给了我什么报酬？又没有人要求我，我为什么要去做？

斤斤计较且工作的目的只是为了报酬，凡事都要有要求才去做，用最低标准去对待自己的工作，那么得到的回报也只可能是最低的标准。

责任：会担当才会有大发展

担得起担子，看得淡面子，放得下架子

对于任何一个想在职场有发展的人来说，责任感都非常重要。可以说，一个人的职场发展空间，与他负责和担当的精神是成正比的。

小张和小王是同一家快递公司的职员。两年来，他们一直是工作搭档，工作很认真也很卖力。领导对他们的表现也很满意，多次透露想提升他们，然而一件事却改变了两个人的命运。

一次，两人负责将一套非常重要的模型送到客户那里。去之前，领导反复叮嘱一定要小心。到了客户公司所在的写字楼，没想到电梯坏了，他们只能走楼梯将模型搬到 8 楼。

小张因为个头比较大，就先由他搬着模型往上走，走了一大半的时候，小王看小张已经搬不动了，于是就提议由他来接手。没想

到，两个人换手的那一瞬间，意外出现了，模型不小心掉在了地上，摔得粉碎。

他们都知道模型打碎意味着什么，不仅有可能丢了工作，还要面临数额不小的赔偿。

回到公司后，领导分别找两人谈了话。小王不停地为自己开脱，将责任全部推给了小张。

而小张的反应却截然不同，他首先承认了错误："这件事我负有很大的责任。因为小王的母亲生病，正是需要用钱的时候，所有的赔偿我愿意一个人来承担。"

几天后，领导把两人叫到办公室，说了这样一番话："公司一直想从你们两人中提拔一个当主管，没想到发生了这件事。不过也好，这让我们更清楚地看到，小张更适合获得这个位置。因为公司需要勇于承担责任的人，这样的人才值得信任。"

没想到一次"意外"，对于小张来说反而成了好运的开始。

其实，在工作中，任何人都有可能出现失误。出了错并不重要，重要的是以什么样的态度去面对。下属犯了错，领导最希望看到的是：①下属在第一时间承认自己的错误，而不是想方设法辩解，更不是把责任推到别人身上；②下属在承认自己错误的同时告诉他，为了弥补失误，自己都采取了哪些措施，做了哪些补救工作，并且还将怎么做。这些才是一个优秀人士应该具有的职场素养。

对于一个有责任感的人来说，除了"担得起担子"，有时候还必须和另外两点进行斗争，一是面子，一是架子，也就是"看得淡面子，放得下架子"。

柴田和子被誉为"日本保险女王"，她曾经 16 年蝉联日本保险销售冠军，创造了世界寿险销售第一的业绩，并因此荣登吉尼斯世界纪录。她曾经的年度成绩能抵上 800 多名日本同行的年度销售总和。

作为一名 31 岁才进入保险界的普通家庭妇女，柴田和子的经历充满了传奇色彩。

在她的自传中，她写到了自己刚进入日本著名保险公司——"第一生命株式会社"新宿分社时的那段经历。

一进公司，她就遇到了一位脾气暴躁而且性格古怪的上司。

这位支部长的很多行为都让人无法接受。比如每次一开门踏入办公室，就会听到他的大声怒吼："你怎么可以右脚先踏进办公室？"并且要求你重新走一遍。如果有人觉得无法理解，反问"为什么非得左脚先进入办公室呢"，他就会觉得自己的权威受到质疑，因此更加生气："想造反啊？"但如果你什么都不说，他又会说你是"以沉默来表示抗议"。这让柴田和子总是进退两难，好不容易鼓起勇气问支部长到底应该怎么办，结果却被他劈头痛骂。就这样，即使自认为很坚强的柴田和子，当时也过着一星期哭三天的日子。

那段时间，柴田和子都是在支部长说讲习就讲习、说跑客户就跑客户的命令下度过的。有时即使她和客户约好了，但只要支部长说"今天要讲习，不准去"，她就只好取消约定。就这样过了整整5年，直到支部长退休。

尽管支部长苛刻得不近人情，但在业务和教育职员方面却非常出色。在他的传授下，柴田和子学到了很多宝贵的经验，而且因为支部长每时每刻都在盯着她，不允许她有任何偷懒的机会，所以她只能格外卖力地工作。在柴田和子看来，正是这一般人无法想象和忍受的5年，为她后来的成功打下了坚实的基础。而在支部长退休的时候，柴田和子的销售业绩已经做到了"东京第一名"。

毫无疑问，如果受不了委屈、放不下面子，没有接受支部长那5年如"剃刀般"的魔鬼式训练，对于没有任何保险从业经验的柴田和子来说，要取得后来的成就很难。

当自己能力还不够的时候，成长的代价往往就是要放得下"面子"和"架子"，受得了委屈，只有这样，才能真正学到终身有用的东西，为之后的发展奠定基础。

扩大"承担圈"，便放大了"成功圈"

在职场中，如果只拘泥于自己的"小圈子"，就很难跨进成功的"大圈子"。反过来，承担得越多，得到的往往也就越多。

一位来自农村的打工妹，通过自己的努力，后来被推举当上了全国人大代表。我们来看看这位叫朱雪芹的女孩是怎么做的。

朱雪芹属于那种"没事也要给自己找事做"的人，她在上海一家生产西裤的服装公司打工时，负责的是缝裤腰的工序。

有一次，朱雪芹发现因为一个工序上的员工请假，导致了整个制作衣服的流水线出现堵塞，生产数量大受影响。于是她想：做好一条裤子有很多道工序，如果因为一道工序缺人就影响整个流程，那我为什么不能掌握更多工序的技能呢？于是，在做好自己工作的同时，她开始主动学习其他工序上的操作要领。

因为掌握了每道工序的操作要领，很快她被领导安排上"机动岗"，也就是哪里需要人，就到哪里去。

后来，因为工作出色，她被选派到日本的服装公司进修，回国后被任命为副班长。尽管已经走上了管理岗位，但她并不满足于只带好自己的下属，而是不断思考哪里还有需要改进的地方。她发现，因为种种原因，工厂原有的制造模式效率不高，于是主动向领导提出进行技术创新和改革。

她的想法得到了领导的支持。那段时间，她全身心投入到研究中，每天都最后一个离开公司，连走路都在思考。最终，她的创新获得了成功，不管是生产数量还是质量都有了很大的提升。由于这种创新，制作一条裤子只需要很短的时间，这种效率在同行业中名列前茅。

自然，朱雪芹得到了重用，成为了公司的工会主席，后来又当选为第十一、十二届全国人大代表。

回顾朱雪芹的发展过程，就会发现在她身上时刻体现着承担责任的主旋律。当选为人大代表之后，她还在上海市普陀区总工会的帮助下成立了"朱雪芹工作室"，从法律、心理等方面帮助农民工解决一些实际问题，深受农民工的喜爱。

朱雪芹的案例，给了我们很多启示。

第一，这个时代是一个给很多人创造了成功机会的时代。一个普通的农民工都能取得这么大的成功，这就意味着只要掌握职场规则，成为单位和社会需要的人，每个人都有可能获得成功。

第二，成功的关键，很大程度上来源于是否能够承担责任。

第三，承担的力量有多大，成功的概率就有多大。

在职场中，一些人会觉得多一事不如少一事，即使发现了问题，但只要和自己无关，就觉得没必要"瞎操心"。但他们没有想过，一个人躲避责任，其实就是躲避机会。

扩大了"承担圈"，就放大了"成功圈"！能够承担起职责范围之外的责任，就是在增加机会，那是一笔表面上看不见但实际在增值的潜在资产，会给你带来意想不到的收获和成功。

"一脚油门，一脚牢门"

我认识一个老司机，他从 18 岁开始开车，直到 60 岁退休，40 多年的时间一直在跑新疆、西藏等长途，可一次重大事故也没有发生过。

于是我问他："你是怎样做到的呢？"

他笑了笑，说："这么多年来，只要一上路，就想着我的这两只脚，一脚踩在油门，一脚踩在牢门。踩得好，顺利飞奔，踩得不好，就得进监狱了。我哪能不小心翼翼！"

这看起来很朴实的道理，却饱含着老师傅的职业智慧，其实也是对责任更深层次的理解。

有时候，责任感的缺失，会带来灾难性的后果。

提起重庆綦江彩虹桥倒塌事件，很多人都还记忆犹新。耗资不菲的綦江彩虹桥建成后仅仅 3 年就突然整体坍塌，夺去了 40 人的生命。而"豆腐渣工程"的背后，是相关人员责任感的缺失。几个月后，涉案的 14 名责任人都被判刑：原綦江县县委员会副书记林世元、原綦江县城乡建设管理委员会主任张基碧、原重庆市市政工程质量监督站站长赵祥忠、"虹桥"工程组织承建者费上利等人，分别因受贿罪、玩忽职守罪、重大工程重大安全事故罪等罪名，被分别判处有期徒刑 6 年至死刑。

这并不是个例，类似因为缺乏责任感而酿成恶果的事件时有发生。或许有人会觉得，自己只是一个普通的员工，就算是没有责任心也不会造成什么严重的后果。但不管从事什么工作，也不论在什么样的位置上，责任的缺失必然会带来隐患，长此以往，哪怕是小隐患也会积累成大麻烦。所以，从根本上说，对工作负责，其实就是对自己负责。

小事放光就是大事

很多人在工作中缺乏责任心，往往是因为这样的心理：自己的工作很普通，做的也都是些不起眼的小事，就算做得再好有什么意义。而实际上，小事能做到放光，就是大事。

就像皮尔·卡丹曾经对员工说的那样："如果你能真正钉好一枚纽扣，比你缝出一件粗制的衣服更有价值。"

只有做好了"小事情"，才能成就"大事业"。

里根在担任美国总统期间，曾经到上海访问，下榻锦江饭店。

入住饭店的第二天早上，里根和夫人南希起床后，发现服务人员已经为他们准备好了晨衣。里根和夫人穿上一试，觉得很惊讶，因为衣服合身得就像是为他们量身定做的一样。

其实锦江饭店早已经有他们的身高和尺寸的资料，衣服就是为他们量身定做的。不仅如此，饭店方面还了解到南希喜欢鲜艳的红色服饰，因此为她准备了大红缎子的晨衣。

锦江饭店的服务让里根夫妇非常满意，离开之前，里根特意在饭店的留言簿上写下了赞誉之词，还将他们夫妇的合影照片夹在留言簿内赠给锦江饭店留念。

类似发生在锦江饭店的事情还有很多。

佩尔蒂尼任意大利总统期间，在访问中国时，也曾下榻锦江饭店。在为佩尔蒂尼服务的过程中，细心的服务员发现，总统的电动剃须刀需要用三孔插座，而锦江饭店客房内的电源均为两孔插座。

第二天早上，佩尔蒂尼一按铃，服务员就马上走进房间，没等总统开口，就把头天晚上准备好的三孔插座递了上去。这让佩尔蒂尼很惊讶，因为他刚刚发现插座不能用，正想让服务员帮忙解决问题，没想到服务员已经将插座准备好了。

对于服务员的周到，总统大加赞叹，而在之后访问我国其他城市时，他不止一次提到了这件事。

锦江饭店从成立至今，已经有60多年的历史。因为周到细致的服务，它赢得了中外宾客的一致好评。从开业至今，也已经接待过100多个国家的近300位国家元首和政府首脑以及众多商贾巨富。作为一家有悠久历史的饭店，将每一件小事、每一个细节做到最好，正是它长盛不衰的秘诀。

其实，这不仅是一个饭店、一家企业保持竞争力的核心秘诀，也是每个人在职场上能否有发展的核心秘诀。

胡敏是国内英语培训界的领军人物，他创建了有名的"新航道"，被媒体尊称为"中国雅思之父"。

在一次采访中，胡敏提到，他喜欢提拔那些有责任感和主人翁意识的年轻人，比如"新航道"最年轻的分校校长刘威。

刘威毕业后，进入"新航道"工作，刚开始时，他只是一名普通的市场渠道专员。但他身上有一股做什么都要尽力做好的精神。为了开拓市场，身材瘦小的他常常扛着沉甸甸的资料袋奔走在各大校园之中，以致一个学期下来，他磨破了两双皮鞋。有一次，"新航道"在一周内连续举办了6场千人讲座，而所有贴海报、发传单的工作，全部由他一个人操办，他忙得甚至根本没时间吃饭，饿了就啃几口随身携带的面包和方便面。还有一次，为了给学校省一笔搬运费，下班后他带领同事一起，整整搬了5个小时的桌椅。不仅如此，只要是和学校有关的事情，他都积极主动去做，哪里需要就去哪里帮忙。尽管不是课程顾问，但他却能将招生简章里的所有课程一字不差地都背下来，甚至在给一些学生做咨询解答时，比课程顾问表现得还要专业。

这一切，都被胡敏看在眼里。很快，刘威就被任命为"新航道"长沙分校的校长，而当时他才24岁。

其实，我们在工作中要做到像刘威一样并不难。明海法师有句名言："小事放光就是大事。"当我们具备了不管做什么，哪怕再小的事都付出百分之百努力的素养，那么机会的来临只是迟早的事。

活是给别人做的，更是给自己做的

对于工作，一些人总是抱着应付的心态，在他们看来，反正是给单位干活，何必那么认真。但他们却没有想到，活是给别人做的，更是给自己做的。做得越多越好，最受益的，还是自己。

在一次培训中，一位30来岁已经拥有一家工程承包公司、4个工程队的老总讲了这样一个故事。

在一个装修队里，有一位四川青年，为了把活做得比别人更仔细，别人休息的时候，他总是加班加点，不仅如此，他还处处为房主考虑，能省的材料尽量节省。

这让房主很感动，同时忍不住问他："你干活那么细致，额外给自己增加了不少工作量，但钱还是只拿那么多，你不觉得吃亏吗？"

小伙子笑了笑，回答说："活是给自己干的！"

听了小伙子的话，房主有些吃惊，想不到一个民工能说出这么有哲理的话。

看着房主疑惑的表情，小伙子接着说："我爷爷年轻的时候，因为穷买不起房子，只能自己动手盖。每一块砖、每一块木板，都是他自己认认真真砌上去的。而盖好的房子，直到我懂事的时候，依旧还很结实。有很多次，爷爷指着房子对我说，做什么都一样，你糊弄它，它就会糊弄你，你认认真真对它，它也会认认真真对你。

"我一直记着爷爷的话。等到给别人干活时，我就告诉自己：你把活干漂亮了，人家就会给你传播好名声；干不好，就会给你传播坏名声。我当然选择前者。"

小伙子给房主做完装修离开后，没多久，就意外接到一家颇具实力的大型建材连锁店让他去应聘的电话。

原来那家连锁店的老总，就是小伙子曾经给他家做过装修的房主。当初小伙子与他的一番对话，让他非常欣赏，于是决定让小伙子到自己的公司去做事。

10年时间，这个四川的农村小伙子，从分店的经理做到了区域总经理，最后成就了自己的一番事业。

而当年的那个小伙子，就是现在讲这个故事的老总。

这位老总的经历，给我们揭示了职场发展的另外一个规则：你不是在为别人工作，而是在为自己工作。你所做的每一件事情，都是提升自己的机会。

"新东方"的创始人俞敏洪，写过一篇《为自己而工作》的文章，值得大家借鉴。

正在寻找和已经参加工作的人都要明了的一件事是：你做任何工作都是在为自己工作！要感谢给你提供工作的机构，不管这个机构本身如何，老板如何。因为只有你有了工作，你才能赚到一份工资；只有你赚到了工资，你才能过日子。这是从最低层次上说的。从另一个层次上说，你在任何工作中积累的经验、资历和智慧永远都属于你自己。

在这个世界上，名声、地位、金钱、财富，别人都可以从你身边拿走。不管你有多少钱，它们都可能在一夜之间消失。但是你在工作中所积累的经验、资历和智慧，是别人永远拿不走的。这就是为什么在 IBM、柯达等大公司工作过几年的人到其他机构应聘会更容易一些的原因。

　　一般说来，有工作经验的人的工资比大学刚毕业的学生高很多。一个大学刚毕业的学生能耐再大，刚开始的薪水也不会很高，只有工作了一两年，真正展示了自己在各方面的能力之后，工资才有可能得到提升。任何成就都是一个积累的过程，只要你的积累是正面的，你的资历和经验就会越来越多，而你得到的回报也会越来越高。

执行：保证完成任务

不是做事，而是做成事

执行力是每一个职场人士都必须具备的能力。对于什么是执行，《执行》一书作者拉姆·查兰的定义是"如何完成任务的学问"。

而执行力最重要的体现之一就是：不是做事，而是做成事。"做事"和"做成事"的区别是：前者停留在"做"的层面，但可能并没有结果；后者不仅"做了"，而且是"做成了"，完成了预期的目标，达到了想要的结果。

柴静是央视著名的主持人，担任过《新闻调查》、《看见》等知名栏目的记者和主持人。

2012 年，北京国际电影节开幕，《泰坦尼克号》和《阿凡达》的导演卡梅隆成为了电影节上各家媒体争相追逐报道的对象。当时，《看见》栏目组向组委会递交了采访卡梅隆的申请，但没有获得批准，原因有二：一是《看见》还是一个年轻的栏目；二是卡梅隆最多只接受 30 分钟的采访，但《看见》节目的播出时长是 40 分钟。

柴静和同事却不愿放弃，他们在卡梅隆住的酒店的同一层开了个房间，一连守候了好几天，想尽办法争取机会。他们的执著最终打动了组委会，加上恰好一家定好对卡梅隆进行专访的电视台因为意外情况而无法完成采访，于是，这个专访的机会就交给了柴静。因为做了充分的准备，这次专访进行得非常顺利，因为聊得很投机，卡梅隆最后给了柴静 50 分钟的采访时间。这也是卡梅隆在这次电影节上接受的为数不多的采访之一。

这就是把事做成。如果仅仅只是"做事"，那么可能在递交了采访申请、被拒绝之后，就到此为止了。而做成事，却是不达目的誓不罢休。

很多人之所以总是停留在"做事"的层面，是因为要"做成事"具有难度，因为怕难、怕烦，所以干脆不去做。但好做的事情人人都会做，正因为事情有难度，别人解决不了，而你解决了，就越能体现你的执行力和与众不同的素养。

那么，怎么才能把难做的事情做成？有几点需要特别注意：

首先，我的目标是什么？

其次，什么时候必须完成？

另外，为了达成这个目标，我需要做哪些准备工作？还需要领导、其他同事和部门进行怎样的配合？

这样把问题分解之后，再去执行，就会变得简单和轻松很多。

"烧开一壶水"

我们都有这样的体验：一壶水，如果断断续续、烧一下停一下，恐怕一万斤柴都不能将水烧开；但如果一鼓作气烧下去，或许一斤柴也用不了。

其实执行的过程也一样，如果做什么都是蜻蜓点水般的浅尝辄止，或者一遇到问题就退缩和放弃，那么执行的结果肯定会大打折扣。

我们来看看海尔的员工是怎么执行的。

一次，海尔售后服务中心收到一封用户来信，说自己家的冷柜出现了故障，希望海尔派人去维修。

但不知道是因为粗心还是别的原因，客户在信封上只写了"浮山"两个字，没有留下具体的地址。

这该怎么办？既没地址又没电话，找起来就像大海捞针一样。

但海尔的员工并没有因此而置之不理，而是立即拿着信赶到了浮山，挨家挨户地进行打听，最后到了晚上，在当地派出所民警的帮助下，终于找到了客户家，帮客户修好了冷柜。

海尔的这个案例告诉我们，不管遇到什么样的问题，只要坚定了将问题解决的决心，就一定能够找到办法。

另外，在执行的时候，既要注重过程，也要注重效率，也就是又快又好地完成任务。

一家公司因为业务需要，要做一个新网站，负责网站的女孩是一个刚到公司不久的毕业生。刚开始，因为她对网站建设表现得很积极，于是老总就决定将这件事交给她去做。但没想到，这一做就是四个月。

不过是一个简单的网站，哪里需要花这么长的时间。

老总非常着急，也因为这件事情批评过她很多次。

究其原因，是她做事太没有效率，拖泥带水，每次和做网站的公司的联系都是点到为止，从不用心去盯，就像烧水一样，烧一下就停，自然就没有效率。

要成为一个优秀的执行者，在解决问题的同时，还要保证效率。

四个到位

要想保证执行，就要做到四个到位：心态到位、姿态到位、行动到位、方法到位。

这四个到位很好理解，但要做到却并不容易。

心态到位，就是从内心认识到保证完成任务是自己不可推卸的责任。

姿态到位，就是在执行的过程中，不管遇到多少困难，都不会退缩和放弃。

行动到位，就是自己的行动都是围绕完成任务、达成目标而展开。为了行动到位，我们可以将自己的任务分解和量化，如今天必须完成多少稿件，要打多少个电话，拜访几个客户……

方法到位，就是选择最佳的方法去完成任务。在执行的过程中，方法到位非常重要，选择了合适的方法，往往就能事半功倍。

我在《中国青年报》工作的时候，一位老记者的采访经历给我留下了深刻的印象。

有一次，报社分配给这位老记者一个任务：采访一位有名的将军。可老记者通过各种渠道和方法，都无法联系到那位将军。

当时时间非常紧迫，如果不能完成对将军的采访，就意味着整个报道都要放弃。就在这时候，老记者突然得到一个消息：将军将在下午出席一个会议，而会议允许一些记者参加。

抱着一线希望，老记者来到了会场，但他很快就发现，要完成这次采访几乎不可能。一是将军一直坐在台上，根本没有机会和他说话，二是据说会议结束后将军就会直接离开会场，不会接受记者的采访。

看来要完成采访是不可能的，但老记者不甘心就这么放弃。通过观察，他发现了一个细节，将军不停地在喝水。这让他灵机一动，觉得有了主意：既然将军喝了很多水，那么中途一定会上厕所，这样我就有机会了!

于是,等到将军一起身,老记者马上跟了出去。利用在厕所短短的几分钟,老记者对将军进行了采访,出色地完成了任务。

这就是方法的重要性,方法到位了,再难的问题也会迎刃而解。一个优秀的人,不会因为问题的出现而停滞不前,而是不断地问自己:有没有别的办法?有没有更好的方法?直到把问题解决为止。

告别"完满病"

有时候,做执行需要抓住时机,尤其一些关键的时刻,要当机立断,而不要有"完满病"。所谓"完满病",即必须将一切都准备好了才去做,这样有可能错过完成任务的最好时机。

如果我问你:穿着拖鞋,可以采访省长吗?

或许有人会说:"既然是采访省长,怎么也得注意一下着装,穿拖鞋恐怕不好。"

的确,一般情况下见省长肯定不应该穿拖鞋,但特殊情况下却未尝不可。我就曾这样做过。

当时我还在省报工作,有一天突然接到采访省长的任务。当时省长正在出席一个重要会议,如果错过了,再要采访就难了。

一接到任务,我马上拿起包往外冲,不留心和同事撞了一下,结果鞋底掉了，没法再穿。

由于时间紧迫，根本容不得我回去换鞋，而同事的鞋跟我穿的码都不一样。怎么办？

突然，我想到柜子里还有一双拖鞋，于是来不及多想，穿上拖鞋就走。

会议结束后，看省长准备离开会场，我马上上去采访。就在我要问最后一个问题的时候，保安看到了我穿的那双拖鞋。在他们看来，作为记者，不可能穿着拖鞋采访省长，说不定是个假冒的。

于是，我被两个保安一边一个挟出了会场。我赶紧掏出记者证给他们看，又解释了一番，请他们允许我向省长提最后一个问题。

在软磨硬泡下，保安才半信半疑让我又进了会场。当我以最快速度完成采访离开时，保安仍然用怀疑的目光盯着我。

我们做事之前，往往不会所有的条件都已经为你准备好，难道这样就不做事了吗？

其实，要求"万事俱备"，不过是"永远不去做"的借口。

巴顿将军曾经说过："我们现在就执行一个很好的计划，远比下周执行一个完美的计划要强得多。"

对于一个优秀的执行者来说，不会因为条件不成熟和不具备就不去做，相反，在执行的过程中，即使没有条件，他们也会创造条件将任务完成。

品格：小胜凭智，大胜靠德

成为值得信赖的人

我们常常说："小胜凭智，大胜靠德。"

也就是说小的成就可以凭聪明智慧取得，但大的成功，却必须依靠品德去获取。这里所说的品德，包括诚实、正直、善良等。

在职场中要想获得发展，诚实、可信是基本条件，也是一个人的立身之本。成功的前提，就是成为一个值得别人信赖的人。

被誉为"中国化妆先生"、中国摄影行业中最大的培训学校北京禧年的创始人甄继先，在成名之前，只是一位普通的农民。通过自己的刻苦学习，他掌握了精湛的化妆技法。

一次，甄继先去参加一个由台湾名师组织的最新化妆造型技法培训班，在培训班，他所展现的技术让在场的老师和同学都大为惊讶。

看到了他身上的潜质，有个台湾名师想把他打造成东南亚最知名的化妆师，但条件是他必须对外说自己是台湾人，要说台湾普通话，5年不能回家。当然，更不能提自己是农民。

尽管诱惑很大，但经过思考，甄继先还是拒绝了对方，因为他觉得，宁可失去机会，也不能违背自己的良心说假话。更何况，他觉得自己作为一个大陆的化妆师，尽管是从农村走出来的，但只要努力也可以获得成功。

甄继先这种宁可放弃迅速成名的机会也不愿说谎隐瞒农民身份的做法，得到了很多同行的尊敬，也使他在业内名声大振。

后来，来自中国台湾的国际知名摄影大师洪正士到大陆进行全国巡回摄影讲座，甄继先被选为洪正士的助手。甄继先精湛的技术让洪正士大为赞叹，洪正士给予了他很高的评价："我从业20多年，从来没有一个化妆师能够达到这个年轻人的水准。"而正是这一次全国巡回演讲，让甄继先在业内名声鹊起。

从此之后，甄继先一步步走向成功，成为了中国化妆界的知名人物。

不管个人还是企业，诚信都是根本。中国有句话叫作"一次不忠，百次不用"，说的就是这个道理。

台湾的领带大王、金利来公司的创始人曾宪梓，年轻时靠卖领带为生。有一年，一家大型百货公司以口头约定的形式向曾宪梓订购了50打泰国丝领带，当时曾宪梓答应按一贯的价格供货给百货公司。

但当曾宪梓去泰国采购原料时，却突然发现当年泰国丝由于生产数量少，而全世界的需求量却很大，价格一下子涨了很多。如果曾宪梓将领带按协定的价格卖给百货公司的话，不但赚不到钱，还会亏本。

当时有朋友劝他，别给百货公司供货了，反正只是口头约定，又没有签合同。但曾宪梓没有答应，他认为即使是口头约定也要算数。

于是他找到百货公司老板说："尽管是亏本，但这 50 打领带我还是按照原定的价格给你，不过今后的价格要重新计算。"

这让百货公司的老板非常感动，不仅一如既往地照顾曾宪梓的生意，还向自己商界的朋友极力推荐曾宪梓："金利来的曾先生最靠得住，本来他完全可以不给我们那 50 打领带。"

这 50 打领带虽然卖亏了，但为曾宪梓赢得了信誉，让大家知道了有一个"靠得住"的金利来。从长远来说，曾宪梓并没有亏，而是赚了。

这就是诚信的价值。人无信则不立。在职场中，成为一个值得信赖的人，也就有了生存和发展的"通行证"。

自我放纵无异于自我毁灭

在职场中，遵守规定和纪律，懂得约束自己，是最起码的要求。

但也有一些人，总以自己的好恶和兴趣为行为准则，无视规定、纪律甚至法律，自我放纵的结果往往是自毁前程。

2013 年 11 月 6 日，一则重磅消息引起了众人的注意，国家体育总局游泳运动管理中心发布新闻，通报了对奥运冠军孙杨的处分决定：暂取消其参加国内外一切比赛的资格；暂不允许其参加国家队集训；不能代表国家队参加任何社会行动和新的商业活动。

一个荣获奥运冠军的优秀运动员，怎么会受到这么严厉的处分？

原来，2013 年 11 月 3 日，孙杨在杭州无证驾驶一辆保时捷，与公交车发生了刮擦。之后，孙杨被杭州市公安交警部门罚款，并处行政拘留 7 天。

消息一出，让很多关心孙杨的人都深感惋惜。而据媒体报道，无证驾驶并非一个偶然现象，有的媒体还总结出孙杨的"七大问题"，其中包括因为和女友谈恋爱多次旷训、与恩师反目为仇、对记者爆粗口，等等。

国家体育局有关部门的通报明确指出："作为一名奥运冠军，孙杨本应严于律己，自觉担当起相应的社会责任，向社会各界展示中国运动员良好的精神风貌。但近期以来，孙杨目无国家法规，多次严重违反运动队管理规定，触犯了道德底线，背离了体育精神，严重损害了国家游泳队和中国运动员的形象，辜负了国人的殷切期望和厚爱。"

很多知名人士对此也纷纷发表评论，如凤凰体育特约评论员麦卡就评论说"孙杨在纪律和法律的中间地带逍遥"，中央电视台主持人白岩松也评论说"拿什么管住孙杨？是改变的时候了"。

大家在呼吁有关部门改进机制，不要"惯坏孙杨"的同时，更希望孙杨自己加强反省，学会自我约束，不要"继续逍遥"。

有时候，优秀的人容易有的一个毛病是：喜欢以自己为中心，以致漠视甚至无视纪律。在这一点上，我们不妨向"二战"时的著名将领巴顿将军学习。巴顿将军尽管也强调个性发展，但他认为个性必须置于纪律的制约之下。他说："纪律是保持部队战斗力的重要因素，也是士兵们发挥最大潜力的基本保障。所以，纪律应该是根深蒂固的，它甚至比战斗的激烈程度和死亡的可怕性质还要强烈。"

"纪律只有一种，就是完善的纪律。假如你不执行和维护纪律，你就是潜在的杀人犯。"

巴顿对纪律的认识，以及要求自己和部属对纪律严格遵守的态度，也是他打造一流军队和成就事业的重要因素之一。

孙杨带给大家的教训是深刻的。即使像他这样已经取得很好的成绩，但如果不加强品德和性格的修炼，也同样会栽跟斗。放纵自己的人必然会受到惩罚。

请记住一句话：

"人生最大的敌人，不是别人，而是自己。自我放纵无异于自我毁灭。"

越能经受考验，越能彰显品格

我们都知道一个词"德才兼备"。"德"放在第一位，其次才是"才"。

在职场中，很多时候，"德"往往比"才"更重要，因为"才"暂时不够，可以在做事中学习和培养，而没有"德"，基本上就没法培养。

在职场中，到底怎么判断一个人品德怎么样呢？其实很简单，在利益考验面前见人品。这个利益，不仅仅是金钱，还包括名誉、个人的得失，等等。

一家外资企业要招一个中国区财务总监，吸引了很多人前来面试。经过面试和笔试，最后只剩下 5 个人。在最后的复试中，主考官分别问了每个人同样的问题："你怎么样能帮公司逃 300 万元的税？"

前面 4 个应聘者各自提出了一些帮公司逃税的办法。听了这些答案，主考官点了点头，没有说什么，只是让他们各自回家等通知。

只有最后一个应聘者，听了主考官的问题后，这样回答道："您确定要这么做吗？如果真要这么做，那么对不起，我想贵公司的这个职位不适合我。"

让这位应聘者没有想到的是，主考官告诉他，他被录取了。原来，这只是主考官特意出的一道测试题，目的是看谁能够坚持原则，而只有最后这位应聘者通过了考试。

其实，越来越多的企业已经把"品德好"当作挑选员工的重要标准，"德才兼备"更是很多企业对栋梁之才的要求。

其实，从古至今，"品格"在很大程度上决定着一个人的命运。

清朝雍正年间，有一年元宵节，内阁中的官员、听差大多回家过节去了，只有一位姓蓝的供事留在阁中。

晚上的时候，内阁中突然来了一个人。蓝供事见该人身材魁伟，貌相富态，以为这个人可能是内阁的官员，今天夜里打算在这里值宿。

于是蓝供事将这个人让进屋中，和他聊起天来。闲谈之中，这个人问了蓝供事很多问题，比如叫什么名字、担任什么职务、具体管什么事情、同事有多少人等。

当问到别人都放假回家，为什么蓝供事却独自留在这里时，蓝供事回答说："内阁是朝廷最重要的部门，不能一刻无人。一旦疏忽出了意外，责任可就大了。"

来人一听，脸上露出赞许的表情，于是问他在内阁当差有没有什么要求。

蓝供事想了想说，将来差满，希望朝廷能委派他到广东河泊所任个小官职。

第二天上朝时，雍正皇帝问大臣广东河泊所是否有官缺，吏部尚书回答说有。

雍正皇帝说："内阁供事蓝某勤于公事，忠于职守，可以补授这个缺。"

大臣们都很纳闷，不明白皇上为什么对一个小小的供事了解得那么清楚。

后来，大臣们从一位太监那里得知：元宵晚上，雍正皇帝微服私察了内阁办公处。当蓝供事得知那天晚上和自己聊天的居然是雍正皇帝时，也非常吃惊。

元宵节，别人都回家和亲人团聚，只有蓝供事独自留在内阁值守，在他看来，这是他应尽的职责。所以当皇帝突然微服私察的时候，看到的就是这个职位很低但恪尽职守的供事。尽管他牺牲了自己回家过节的小利益，却获得了意想不到的大机会。

越是在考验中，越能看出一个人的品格。而很多时候，好品德就意味着竞争力。

绩效：不重苦劳重功劳

穷忙、瞎忙是职场"大罪"

著名的联想集团有这样一个理念："不重过程重结果，不重苦劳重功劳。"这个核心理念还被写进了《联想文化手册》。

在市场经济下，我们尽管也提倡埋头苦干。但仅有苦干是不够的，还需要巧干，更要干得有绩效。

对企业来说，更重视员工的"功"而不是"苦"，徒劳无功以及没有结果和绩效的穷忙、瞎忙，更被认为是职场的"大罪"。

前不久，我参加了一个同学聚会。20 多年后的再聚首，让我感慨万千。尽管是同一个班级、学的是同样的专业，但每个人的境况却大不相同：有的人很有成就，有的人还在原地踏步，有的甚至连毕业时都不如，当年的锐气和才气都已经被磨灭殆尽。

为什么会有这样大的区别？

并不是后者不努力，可他们只知道埋头苦干，不懂得抬头巧干，也不知道不管做什么最终都要落实到绩效上来。尽管他们信奉"天才出自勤奋",却没有想到,对一个优秀的人而言,勤奋只是基本功,只能打 60 分。

这样的观点可能会让一些人感到疑惑:既然勤奋只能打 60 分,那剩下关键的 40 分是什么呢?其实,剩下的 40 分就是巧干的智慧。只有既勤奋又懂得巧干,才能将绩效最大化。

我们可以把职场中的人分为三个档次:

· 人。整天忙忙碌碌,却往往忙而无效、忙而无功。

· 人才。虽然也忙,但忙得有目标、有质量、有成效。

· 人物。不仅具备人才的特征,而且有很大影响力,起着举足轻重的作用。

有一点可以肯定的是,不管是人才还是人物,都不会瞎忙、穷忙。

有一则"将军和驴子"的故事,很值得我们思考。

古罗马皇帝哈德良手下有位将军,觉得自己应该提升到更重要的位置,理由是:"因为我经验丰富,参加过 10 次重要战役。"

但哈德良皇帝并不认为这位将军有能力胜任更高的职务,于是他随意指着绑在周围的战驴说:"亲爱的将军,好好看这些驴子了,它们至少参加过 20 次战役,可它们仍然是驴子。"

尽管这只是个笑话,但也告诉我们,并不是资历越老、工作时间越长,能力和贡献就越大。对很多人来说,尽管已经埋头苦干了很多年，但每一年都不过是低效率重复而已。

我们经常听到这样一句话："量变引起质变。"但值得一提的是，如果不通过思考、总结去提升和改进，只是简单、机械、低效率地重复，那么，就算做得再多，恐怕也难以引起质变。

之所以说穷忙、瞎忙是职场"大罪"，原因有两点。

• 穷忙、瞎忙极大地阻碍了自己在职场的发展。

• 穷忙、瞎忙浪费和消耗了单位的资源与成本，阻碍了单位的发展。

告别穷忙和瞎忙吧，这是对单位负责，更是对自己的生命负责！

"老黄牛"也要插上绩效的翅膀

如果有两个员工：第一个每天提前上班、推迟下班，甚至连周末都在加班加点，但一件事总要领导反复提醒几次甚至自己反复做几遍才能勉强完成，且结果总是不尽如人意，弄得自己和领导都身心疲惫；第二个虽然只是按时上下班，但只要交代给他的事，他总是一次就能做好，甚至好到出乎意料。

这两个员工，你觉得哪一个更有发展前途？

毫无疑问是第二个。

以往很多人在总结个人业绩时喜欢说"没有功劳也有苦劳"，曾几何时，"老黄牛"型的员工的确备受推崇和赞赏。

但现在的企业越来越重视能出业绩、有功劳的员工，而不是一天到晚辛辛苦苦却没有成效的员工。

提倡埋头苦干、不问绩效的"老黄牛"精神的时代已经过去了，企业更需要的是插上效益翅膀的"老黄牛"，也就是既敬业又有绩效，这样的员工才是企业最需要的。

江苏双良集团总裁缪双大曾经在集团的年终总结大会上说过：

"要改变传统的对功劳与苦劳的认识。苦劳只能说明辛苦，功劳是建立在苦劳的基础上的，有功劳才有贡献，功劳包含着勤劳、智慧、机遇。要倡导讲贡献、比贡献，以成败论英雄。"

著名的三正半山酒店的酒店管理行动纲领里写着这样几条：

· 我们追求出正果。出正果就是我们的工作要富有成效，做任何事都要追求一个好的结果。我们反对只说不做，同时我们也反对做而无效。只有持之以恒地付出，不折不挠地努力，才能得到理想的回报。

· 企业对员工价值认可的程度，取决于员工为企业创造业绩的多寡。

· 我们坚持以绩效的获取和提升作为管理的出发点，以绩效水平作为评核管理工作有效性的依据。

· 工作价值和市场价值决定着员工的分配基准，绩效水平决定着员工的实际获得。

强化你的"结果导向"

前不久我去广西做讲座，在和接力出版社的副总编郭树坤交流时，他告诉我，他要求自己的孩子在做事和说话的头一分钟，一定要问自己一句："我要的结果是什么？"

"结果思维"是一种了不起的素养。这其实十分符合很多优秀企业对员工的要求。

著名的英特尔公司有6条深入人心的价值观，倡导要有"结果导向"，其中最核心的就是凡事都要注重落实到结果上。

而且这个结果是有时效的，而不是无限拖延的，他们不会花10年的时间想一个全世界最完善的方案，而是要始终做得比别人快、比别人好。

西方大多数企业都采用一种叫"目标管理法"的员工评价方式，其核心就是重视结果而不是过程，重视"功劳"而不是"苦劳"。

巴贝吉是英国杰出的科学家，也是电子计算机研究的先驱。他成功研制了一种能计算多项式的机器——差分机，提出了计算机自动运算的理念，为后人留下了宝贵的计算机设计图纸和手稿。

巴贝吉有很高的数学天分，甚至刚进大学时，他在数学上的造诣就已经超过了数学教授。

后来，他在梦中得到启发，研制出了差分机，又从自动提花机中得到启示，提出用穿孔卡片的方法给计算机下达指令。而这种让机器自动运算的理念，也是现代计算机的灵魂。

可惜的是，巴贝吉孜孜研究了几十年，终其一生，只造出了一台小型差分机。他曾全力从事大型差分机的研究工作，但始终没有成功。

巴贝吉除了留下画有几百万个零件的图纸和一大堆笔记外，始终没有实现自己一生的理想——制造出一台真正的计算机。就这个目标而言，他可以说是一个不幸的失败者。

其实，凭他的能力，实现自己的理想并非不可能。瑞典人中茨就是在巴贝吉研究的基础上，用两年时间造出了一台差分机。这台机器在巴黎展览会上获得了金奖。这也说明，巴贝吉完全有可能设计并制造出有相当计算能力的机器来。

如果分析巴贝吉的失败，就会发现其中有他自身的原因。巴贝吉是个理想主义者，他对大型差分机的设计，总是完善了还要完善，修改了还要修改，先进了还要先进。

而这样做的结果是，上一次的修改和完善目标还没有完成，他就又有了新的想法和目标，而新的想法和目标还没有实现，更高的计划又在他脑海中形成。

他的思想就像一匹永不停蹄的快马，一直在往前冲。尽管他的设计理念处于遥遥领先的地位，但由于"战线"拉得过长，设定的目标远远超出了自己的精力和财力，所以好设想始终没有制造出理想的机器。

巴贝吉的案例让人很惋惜，因为以他的天赋，完全可以取得更大的成就。而导致他的才能没有得到充分发挥的一个重要原因，就是缺乏结果导向。有想法的确很好，但想法只有实现了才有意义。

如果巴贝吉能够将自己的想法分阶段实施，也就是先完成一个目标，接着再去完成下一个目标，而不是目标一大堆结果却是哪个都实现不了，或许他的成就会完全不一样。

巴贝吉的案例，正好印证了"管理学之父"德鲁克的一个著名观点：能干的人往往最无效。为什么能干的人反而最无效？一个重要的原因就是能干的人往往想法很多，无法聚焦于目标，结果反而都落不到实处。

那么，我们怎么去强化自己的结果导向？其中有几点非常重要：

- 做任何事情之前，先明确"我要达到什么结果"。
- 为了达到这个结果，我可以采取哪几种方式？
- 这些方式中，哪种方式最好？

优化你的工作方式

要想提高工作绩效，一个非常重要的方法就是优化你的工作方式。科学的工作方法，不仅会让你的工作变得轻松有序，而且效率也会大大提高。

下面我们来分享几个高效工作的方法。

日清日高

"日清日高"是海尔集团推行的自我管理工具，简单地说，就是当日事当日毕，而且每天都有进步和提高。

多年来，我一直根据工作的需要自己设计"日清日高"表格。

由于是自我管理，因而表格非常简单，主要是记录当天完成的各项工作、当天产生的失误以及当天未完成的工作，还有下个工作日的工作计划等几个栏目。

逐渐习惯后，我甚至表格都不用了，每天下班后在笔记本上按照上面的几项写一下就可以了。

写这几条，每天只需要花几分钟的时间，但效果非常好。

首先，它让我对每天的工作都有计划，每天该做什么清清楚楚，而且重要的事情也不会有遗漏；其次，它促使我当天的事情当天做完，除非有特殊原因，不把今天的事情拖延到明天去做；再次，它让我有机会反思，今天有哪些地方做得不够好，以后可以怎么改进和提高。

"日清日高"可以说是每个人都能用且又简单又有效的自我管理工具，如果坚持下去，就会发现它对于优化我们的工作、提高工作效率有非常大的帮助。

要事第一

"要事第一"的原则，也就是重要的事情先做。

在工作中，很多人习惯被琐事牵着鼻子走，一天忙忙碌碌下来，发现自己的绝大部分时间都浪费在无关紧要的小事上，而真正重要的事反而没有时间去做。

著名德国诗人歌德曾经说过："重要之事绝不可受芝麻绿豆小事牵绊。"

有这样一个很形象的比喻：

在一个固定体积的木桶内，怎样更合理地装最多的东西？答案是首先装进大块的石头；然后向木桶内装小石子，小石子会填满大石块间的缝隙；再向木桶放入沙子，细小的沙子会将石子间的缝隙也填满；最后还可以向木桶内注入水，水会渗入沙子。

而反过来，如果先在桶内装满小石头和沙子，那大石块就没有地方装了。

将木桶最大限度装满的过程，恰好说明了我们在工作中处理事情的顺序。如果所有的时间都被不重要的小事占满了，重要的问题和事情自然就没有时间去处理。所以，要想优化工作，就必须分清事情的轻重缓急。

有一个简单的小方法，可以帮助我们更好地遵循"要事第一"的原则。每天上班之前，将当天要做的事情按照重要程度依次写下来，这样先做什么再做什么，就一目了然了。

记住你的 Del

在工作中，我们常常会遇到这样的情况：正集中精力处理一些紧急而重要的事情，偏偏这时有一些杂事来干扰你，这时候该怎么办？很简单，不妨学会按下"Del"（删除）键。

举个简单的例子，比如我们在处理要紧的事情时，同事这时来向你咨询一些并不紧要的问题，这时就不妨告诉同事，自己有事情急需处理，等忙完了再去解答他的问题。

流程管理

流程管理不仅对一个企业很重要，对每一个想要提升工作效率的人来说，同样非常重要。

对于个人来说，实现流程管理最有效的方法之一就是"倒逼法"。

所谓倒逼法，就是以某项工作结束的时间为准，向前倒推每天或者每个阶段应该完成的工作量和标准。

倒逼法可以使我们有精确的时间安排表，在规定的时间内按质按量完成任务。

举个最简单的例子，比如领导交给你一个任务——三天后交一份报告。

根据完成的期限往前倒推，你可以制定这样的工作流程：第一天，在完成资料收集和整理的同时，形成撰写报告的总体思路，比如报告的框架是什么，大概需要写多少字，要体现哪些观点，这些观点应该用什么例子去佐证，等等；第二天到第三天上午，完成报告的初稿；第三天下午，对报告进行修改，并且打印装订。

这样一来，先做什么，再做什么，分别用多长时间去完成，都会有条不紊，在按要求时间完成任务的同时，也保证了质量。

协作：在团队中实现最好的自我

没有人能独自成功

如果看看招聘启事，就会发现一个有意思的现象，不同的企业在招聘不同岗位的员工时，尽管对应聘者的要求有很大的差别，但有一点却出奇的一致，那就是要求应聘者具有"团队精神"。

在竞争越来越激烈的今天，企业的竞争力在很大程度上取决于团队的竞争力，高素质、齐心协力的团队，是保证企业长远发展的关键。

之所以团队如此重要，是因为团队整体的力量远远超过个人的力量，再优秀的人，如果离开了团队，也不可能独自成功。

最近，网上有这样一条广受关注的微信："离开西游团队，孙悟空就是个强悍的猴子，唐僧也只是个普通的和尚。所以团队很重要，合作很重要！"

的确，在职场中，强调"独行侠"的时代早已经过去。无论从事什么工作、处于什么环境，都不可能离开别人的支持，或是一个人完成所有的事。只有在和团队协作的过程中，我们才能够实现最好的自我。

相传佛教创始人释迦牟尼曾经问他的弟子："一滴水怎样才能不干涸？"

弟子们面面相觑，不知道怎么回答。这时候释迦牟尼说："把它放到大海里。"

一滴水只有放到大江大海里，才不会干涸。作为一个职场人，同样也只有在团队中，才能发挥自己最大的价值和作用。

泰纳曾是墨西哥足球队的队长，作为中后卫，泰纳的球技很出色，他也因此颇为自傲。

一次，当时任墨西哥足球队教练的米卢，在报纸上看到了一则对泰纳的赛后专访。在采访中，泰纳指名道姓地责怪自己的队友，说是由于他们的失误导致球队输掉了比赛。

这让米卢很生气，他认为泰纳作为队长，即使输了比赛，也应该是总结经验、鼓励大家团结一致以期在下次比赛中踢得更好，而不是指责队友，更不是把所有的责任都推到队友身上。

但泰纳并没有意识到这一点，还是一味指责队友，最后队友们终于无法忍受他。

米卢认为，作为球队灵魂和核心人物的队长，应该起到让团队紧紧凝聚在一起的作用，而不是让团队变得士气低落，更不能因为自己的原因而让团队成为一盘散沙。像这样的人，不适合继续为球队服务。

因此，米卢大胆启用了一名年轻的中后卫齐拉特。而齐拉特也不辱使命，在之后举行的世界杯的 5 场比赛中，为墨西哥队打进了两粒球，而泰纳的名字最终没有出现在世界杯墨西哥球队的名单上。

足球是一项特别需要团队精神的运动，如果没有团队的配合，个人的球艺就算再精湛，也发挥不出作用。米卢曾经针对一位不少人看好的中国足球运动员说过这样一段话："按照他的个人素质，理应成为世界级的球员，可惜他还欠缺与队友配合的意识，他不能融入到整个队伍中，也就是说他不是一个能够为团队做出贡献的球员！"

其实，不仅是踢足球，做任何工作，我们都要有团队意识。

谭兆林是深圳一家企业管理公司的董事长，他谈到公司里曾经就有过缺乏团队精神的人。

有位员工工作能力很强，但目中无人，没办法和同事融洽相处。

这位员工曾经问过谭兆林这样一个问题："如果我离开了您、离开了公司，您难道一点都不会心痛和惋惜吗？"

对此，谭兆林的回答是："是的，我会非常难受，因为我失去了一个非常有能力、能够为我创造绩效的人。但如果你的做法伤害到了整个团队，我一定会请你离开。"

对于任何企业来说，个人的作用永远也不可能超越整个团队的作用，企业更不会因为某个人而放弃整个团队。可能在某些事情、某些方面，你的确发挥了很重要的作用，但这并不代表没有你就不行。就像前面所说的案例中，用齐拉特代替了泰纳，照样也很好。

明白了这个道理，我们就不会将自己游离于团队之外，而是紧紧地融入到团队之中，更好地发挥自己的价值和作用。

团队不是缩小了自我，而是放大了自我

在职场中，有些人总觉得自己很出色，不需要团队的协助也可以做得很好。而实际上，个人的能力、智慧和精力都是有限的，融入团队中、借助团队的力量，不仅不会缩小自我，反而会放大和成就自我。

就像著名足球明星 C 罗在一次采访中所说的那样："我不认为任何一名球员能被视为伟大，除非他被一批优秀的队友围绕着。没有我的队友、我的教练，C 罗就不是现在的 C 罗。"

曾担任微软亚洲研究院商务及高校关系部亚太总经理的陈宏刚博士在一篇文章中写了这样一件事。

微软亚洲研究院刚建立时，由于工作需要新招了 3 位年轻的博士做语音识别。要想从头开始做中文的语音识别，还要超过别的公司已有的产品做到最好，真的很难。怎么办？

当时李开复博士提议去找总部的英文语音识别组问问。于是，

他们就去问美国那边的专家。那边一听，马上就把所有的源码送过来，还表示有问题可以随时问。

因为源码太长不好读，我们这边的博士就说：能不能直接问几个问题？那边马上说："没问题，我们可以约个时间。"

随后，那边的专家就打来电话一点一点地讲，讲完以后，美国那边已经半夜了。

这对我们的帮助很大。在 3 个月后，研究院就开发出了领先的中文语音识别技术。这就是大家互相奉献的结果。否则，3 位刚毕业的年轻博士不可能在短短的 3 个月就开发出这么好的技术。

正因为有了微软团队无私的协助，才使得 3 位年轻博士迅速得到成长，在短短的时间内，做出了出色的成绩。

在微软，团队之间互相学习和帮助是非常正常的。对此，陈宏刚深有感触。刚进微软不久，有一次他遇到一个问题，于是就发了一封电子邮件给所有的测试员。很快就有人给他回邮件告诉他解决问题的方法，而且之后不断有人给他回复邮件，提出更简单的解决办法以及为什么要那么做的详细原理。这些邮件加起来一共有 50 多封。这是陈宏刚没有想到的，也让他特别感动。

而这种互教互学的团队氛围，也会感染每一个新加入微软团队的员工。就像陈宏刚说的那样："在这种环境里，我们就会觉得自己很渺小，其他人都敞开胸怀，我们当然也会深受感染。我发现帮助别人的感觉很好，而且在教别人的时候我也能学到很多东西。因为自己不一定真的懂很多，如果别人问到我不会的问题，自己也会去钻研，这样就又学会了很多东西。"

这也恰恰告诉我们，与团队一起成长的人，最终会获得更大的成长。

会交才会通

在管理学中，有一个很多人都认可的观点，那就是"90%的工作问题是沟通问题"。在工作中，许多时候就是因为缺乏沟通或者沟通不到位，没有领会领导、客户、同事的意图，从而导致了工作的不到位，甚至做了无用功。

所以，想要建立一个和谐、高效的团队，相互之间的良好沟通必不可少。

微软曾经在公司内部做过一个调查，内容是"谁是公司内最不会和别人沟通的人"。

在我们的印象中，最不会沟通的人应该是最内向、最不爱说话的人。微软的调查结果出来后，排在第一位的人果然和大家想的一样，是那些最不爱说话的员工。而排在第二位的却出乎很多人的意料，是公司里说话最多、最外向的员工。对于这个结果，当时任微软副总裁的李开复也觉得十分奇怪，于是就在私下做了个调查。

后来李开复终于弄清楚了原因，大家之所以认为说话最多的那个人很难沟通，原因是他总是在滔滔不绝地说，从不听别人的意见。

这也告诉我们，要想学会沟通，先得学会倾听。

沟通之所以如此重要，是因为沟通可以避免做无用功。比如，当对领导的任务、客户的需求、同事的交代有疑问时，如果不及时沟通，可能做出来的结果就完全不是对方想要的，以致白忙了一通。另外，沟通可以最大限度避免误会、化解矛盾。有时候，别人明明是这个意思，你却理解成了其他意思，如果不沟通，就会产生误会和矛盾。此外，沟通也是让部门之间步伐一致，避免出现责任不清、互相推诿现象的关键。

有一对新人准备结婚，于是找了一家婚庆公司为他们操办婚礼。婚礼举行得很顺利，这对新婚夫妇十分满意。可就在他们新婚的第二天，却接到这家婚庆公司打来的一个电话。

电话的内容让所有人都意想不到，是问新娘的丈夫还需不需要介绍对象？

这让小夫妻既惊讶又恼怒，毕竟结婚的第二天，就有人问这样的问题，有点太不吉利了。

为什么会出现这种情况？原来婚庆公司有两个部门，一个是婚介部，另一个是婚礼承办部。新娘的丈夫在认识新娘之前，曾经在这家公司的婚介部登记过。

后来新郎自己认识了现在的妻子，两人携手走进了婚姻的殿堂，并让这家公司的婚礼承办部为自己承办了婚礼。

两个部门原本属于一家公司，新郎理所当然地认为他们内部会沟通好。可没想，由于两个部门之间缺乏沟通，以致产生这么大的误会。

小夫妻新婚的喜悦一下子荡然无存，他们生气之余，还将这件事在当地媒体上曝了光，这让婚庆公司的声誉受到了很大的影响。

这就是部门和团队之间缺乏沟通带来的后果。对于工作中的沟通，有几点需要特别注意：

- 不清楚、有歧义的地方，要及时沟通。
- 出现问题时，要及时沟通。比如，因为出现意外情况，无法在原定的时间内完成工作，这时候就要及时跟领导或者相关人员进行沟通，说明情况。
- 任务出现调整时，及时沟通。比如，客户的要求临时发生改变，那么就要及时告诉所有和这个项目有关的人员，避免他们还在按照原来的计划做，因而做了无用功。
- 需要别的同事或者部门配合的时候，要提前沟通。这样才能给其他同事和部门留出准备的时间。

学会适应团队，而不是让团队适应你个人

有"全球第一CEO"之称的通用电气前CEO杰克·韦尔奇，讲过这样一件事。

　　为了提升刚进入公司的 MBA（工商管理硕士）的能力，总部
开展了一个为期两年的业务拓展计划，以便培养他们转向实业部门。
通过这个计划，公司安排他们到各个产业部门学习，并承担一些现
场任务，以考察和培养他们的能力。

　　一般情况下，这些 MBA 会很快就被满意他们表现的产业部门
请过去担任重要职位。

　　有一次，公司从一家顶尖的咨询公司挖来了一位叫詹姆斯的
MBA，他有着非常漂亮的履历，人也很聪明。

　　本来韦尔奇以为这样优秀的人才很快就会被产业部门挖走，可
没想到的是，一年过去了，詹姆斯却还在做着业务拓展计划。

　　韦尔奇觉得很奇怪，便决定为詹姆斯做一次业绩考评。这时韦
尔奇才知道，每天詹姆斯都是上午 10 点或 11 点才来上班，晚上 8
点左右下班。

　　这个时间表和其他同事的明显不同。尽管詹姆斯也清楚这样的
上下班时间并不利于工作上的沟通和安排，可他显然不打算做任何
改变，看起来他更希望别人去适应他的时间表。

　　而且，去总部参加一些会议时，詹姆斯不管其他同事搭乘什么
交通工具，他自己都执意要坐专机去。

　　韦尔奇告诉他，本来他的时间安排就已经让同事不满了，如果
再这么炫耀自己，只会加深和同事之间的分歧。但詹姆斯根本没有
把韦尔奇的话听进去。

　　詹姆斯从来也没想过要融入公司的文化，更别提要顺应公司的

做事方式，他总是有自己的一套。

因为始终和团队格格不入，所以，尽管詹姆斯的业绩很不错，但最终还是不得不离开公司。

与詹姆斯形成鲜明对比的，是另一位 MBA 凯文。

在学历和工作经验上，凯文不比詹姆斯逊色，同样勤奋、有理想，但他能意识到团队协作的重要性，更能自觉融入和配合团队的工作。

他在业务拓展计划工作的两年里，总是很早上班，而且从来不斤斤计较。到业务部门工作后，更是时刻注意配合大家开展工作。因此，他不仅业务出色，也得到了同事们的普遍赞许。

后来，凯文被总部破格提拔为公司的副总裁之一，负责航海和工业涡轮机业务。

离开通用之后，凯文成为了安进公司的 CEO，凭着出色的能力，他将公司的资本市值从 70 亿美元提升到了 840 亿美元。

詹姆斯和凯文同样都是精英，起点也一样，可结局却差别很大。究其原因，很重要的一点是，前者总是以自我为中心，处处要团队适应自己，后者却有意识地调整自己，让自己融入团队，与团队同行。

因此，请记住韦尔奇的忠告：

"优秀的领导者会带领团队跟他走，但团队跟他走的前提，是要考虑到团队成员的利益，为他们服务，并和他们打成一片。"

以一当十不难，难的是以十当一

"以一当十"这个词，经常被用来形容军人勇猛无比，可以以一人之力抗击十人。其实如果能够发挥自己最大的能量，要做到这一点并不是很难。真正难的却是"以十当一"，就是把十个人的力量合成一股劲、拧成一股绳。

美国视算电脑科技有限公司（SGI）的人力资源部经理曹广荣说："SGI 公司生产世界上最先进的计算机，但世界上有一种仪器比计算机更精密，也更具有创造力，那就是人的身体。团队精神就好比人身体的每个部位，一起合作去完成一个动作。"

著名的联想集团也提出了"打造虎狼之师"的口号，要求员工既要像兽中之王老虎那样有"以一当十"的王者风范和能力，又要有像狼群那样的协作能力，有"以十当一"的团队精神。

每个人都要知道自己在团队中的位置和作用，把个人的目标融入团队的共同目标，为实现这个共同的目标而相互协作、共同努力。

有一次联想运动队和另一家跨国公司的运动队进行攀岩比赛，两个队都很强调团队协作，但最后联想队胜出了。

先来看那家公司的运动队，他们在比赛中遇到了很多困难和惊险，大家同心协力，最终排除了所有的危险，但他们所用的时间却超过了比赛所规定的时间。

而联想队在比赛时，最前面是一个动作灵活的小个子队员，第二个是一个高个子队员，女士和身体比较强壮的队员站在中间，最后面的是那些具有独立攀岩实力的队员。

在比赛中，他们相互帮助，再加上精心的组合，几乎没有遇上任何危险就在规定的时间内完成了任务，赢得了比赛。

联想队获胜的一个原因，就在于将团队的每个成员都摆在了最适合他们的位置上。

这就像几个人推一个箱子，同样是合作，如果有的人往前推，有的人往后推，还有的人往左右两边推，那么无论有多少个人合作，也是无法推动这个箱子的。

只有当这几个人各自站在合适的角度上，同时朝着一个方向去推，才能将箱子推走。

所以在工作中，如果既有团队精神，还能将每个人放到合适的位置上去，那么团队的力量就会加倍提升。

反过来，只靠个人的力量，或许暂时可以"以一当十"，但充其量也就是"以一当十"，不可能再发挥出更大的能量。

三国时期，项羽和刘邦争霸天下，项羽在推翻秦朝的战争中起了非常关键的作用，势力远远超过了刘邦。

论单打独斗，项羽有以一当十之勇，在最初和刘邦争夺天下的时候，只要他亲自带兵出战，每次都会赢。

可是随着不断得胜，项羽变得越来越刚愎自用，听不进任何人的忠言。与此同时，刘邦的势力却越来越大。最终项羽被刘邦围困，自刎于乌江岸边。到死项羽都没有弄明白，自己究竟为什么会败给刘邦。

项羽败给刘邦，很重要的一个原因是，项羽更多的是逞自己的匹夫之勇，而刘邦却懂得团结和借助众人的力量。比如，刘邦手下有一大批像凡事都能运筹帷幄的张良、懂得治国安邦的萧何、战无不胜的韩信这样的得力干将，并且充分信任他们，对他们委以重任。所以，刘邦取得胜利也是必然的结果。

如果只依靠一个人的力量，很多原本可以做成的事情也会做不成，摆在面前的机会也有可能失去。反过来，依靠团队的力量，就可以把一些看似"不可能"的事变成"可能"。

一天下午，一个德国经销商给海尔打来订货电话，因为时间紧急，要求海尔必须在两天内发货，否则就取消订单。

因为那天是星期五，这意味着当天下午就要将所有货物装船，而当时已经是下午两点，必须在3个小时之内，赶在海关、商检等部门下班之前将所有程序走完。而要在这么短的时间内办完这些几乎是不可能的。

海尔的团队精神在关键时刻发挥了作用，大家分头行动，调货的调货、报关的报关、联系船期的联系船期，每个人都忙而不乱，保证每一个环节的顺利。

就这样，在大家的通力协作下，当天下午，货物就装船发出了。

下午5点半，德国经销商接到了来自海尔的货物发出的消息，这让他既吃惊又感激，因为时间太紧，当时他也是抱着试试看的想法给海尔打的电话。后来他破了从不给供货商写感谢信的惯例，给海尔写了一封感谢信。

一个人的能力总是有限的，所以企业要强调团队精神。当所有人为了一个共同的目标而努力时，所凝聚起来的力量是真正巨大的。

智慧：有想法更要有办法

要努力地工作，也要聪明地工作

著名的松下集团的墙壁上贴着这样的标语：

如果你有智慧，请贡献你的智慧；

如果你没有智慧，就请贡献你的汗水；

如果你两样都不愿贡献，那么请你离开公司。

一个一流的员工，不仅要努力地工作，也要聪明地工作，也就是在工作中不仅要有想法，更要有方法，能够智慧地处理、解决问题与矛盾。

对此，我们可以将员工分为 3 种：

• 机械型员工。有一做一，如果有具体的指示，他能够落实好，却不懂得灵活变通，更不会自己去思考问题和解决问题。这样的员工有点像"机器人"，要将工作步骤像写程序一样布置给他，否则他就什么都做不成。

- 智能型员工。可以将自己的专业知识、专业技能主动应用于工作，弥补领导在专业方面的不足，可以为领导提供专业方面的合理性建议，就像领导的"智囊团"。

- 智慧型员工。也就是能够主动思考和解决问题，不断提高工作效率和业绩的员工。

在职场中，智慧型的员工往往有最好的发展。

刘同是资深电视节目制作人，也是畅销书作家，他所写的《谁的青春不迷茫》曾荣获第八届中国作家富豪榜"年度最佳励志书"，他现任光线传媒电视事业部副总裁。

在光线传媒工作的八九年时间里，刘同从普通的节目策划到部门总监，再到部门总经理和现在的部门副总裁，提升速度让很多人吃惊。而他在职场的发展，与他的智慧工作是分不开的。

刘同刚到电视台当编导的时候，与别的同事一样，也经常熬通宵做片子。刚开始，他以为做电视工作的人就是这样。但通过观察和思考，他很快发现其实并不是，如果懂得合理科学安排时间，完全可以更快更好地完成工作。

以前他的工作方法和同事一样，比如采访结束后，拿着拍了两个小时的素材带子回到单位，先休息一下，然后再花两个小时将片子看一遍，接着开始写稿，写完之后送给领导审核，审核完了之后去吃饭，吃完饭之后再开始编片子。这样一来，忙到深夜甚至熬通宵也就是理所当然的事。

他觉得这样做效率实在太低，于是决定改进以往的工作方法。

在采访现场，对于要拍哪些点，他早已经在脑子里有了明确的思路，并且让摄影师把这些点都拍下来，同时把能用的都记在本子上。

拍摄结束后，在回单位的路上，因为素材已经全部装在心里，利用这点时间，他的脑子里已经形成了提纲。回去后，从将提纲打成文字到交给领导审核，总共也花不了半个小时。审完之后他就开始配音，十几分钟片子就编好了。用这样的方法，别人需要六七个小时才能完成的工作，他一个小时就能做完。

从那以后，对每个工作环节都挤一挤，挤掉多余的水分和时间，也成为刘同的一个工作习惯。

同样的事情，比别人有方法、有效率，像这样的员工，在职场上不会缺少发展的机会。

微软人常说："努力地工作，聪明地工作。"

而在很多时候，获得怎样的职场命运，往往就在"聪明"中体现。

总有解决的办法

问题只有一个，解决问题的方法却有很多种。

不要惧怕工作中出现问题，因为一个人的工作能力，往往就是通过解决问题来体现。

在 IBM 管理人员的桌上，都会摆一块金属板，上面写着"Think"（想）。这是 IBM 的创始人华特森特别倡导的。

这其实也告诉了我们解决问题的最好途径——想。只要勤想、多想、敢想，总能找到解决问题的方法。

　　黄林成在担任海尔西安工贸燃气热水器产品经理时，当时海尔热水器刚刚进入西安市场，销量很低。尽管工作人员想了很多办法，但都没有什么起色。

　　黄林成也为此绞尽脑汁，时时刻刻都在琢磨更好的营销方案。

　　一次，他去火车站接人，无意中听到有外地游客说起西安著名旅游景点华清池，游客说："要是能把华清池搬回家就好了！"

　　华清池是西安人都知道的景点，据说古代四大美人之一的杨贵妃就曾在华清池沐浴，诗人白居易还曾在《长恨歌》中写道："春寒赐浴华清池，温泉水滑洗凝脂。"

　　旅客的话，让黄林成脑中灵光一闪，这不正是一个非常好的营销契机吗？

　　回到公司后，他立即安排员工去华清池做实地考察。结果发现华清池的水温为40℃。海尔热水器的温度可以在37℃到60℃之间进行调节，而且还有恒温功能。将恒温调为40℃不就正好和华清池的水温一致吗？

　　于是黄林成把贵妃沐浴的典故和海尔热水器的特点结合在一起，提炼出新的卖点："海尔F40燃气热水器，40度恒温设计，让您在家中也能享受到温泉的舒适与健康。"并打出广告词："春寒赐浴华清池，温泉水暖洗凝脂。海尔恒温'40度'，贵妃享受今拥有！"

　　这个卖点立刻吸引了不少顾客的眼球，海尔热水器在当地的销售量一下子提升了四五倍！

我们都知道这样一句话："灵感是不会光顾懒人的。"在工作中也一样，只要肯琢磨，就一定能像黄林成一样，想出解决问题的好办法。

而不断地解决问题、改进方法，也是提高工作效率和服务水平的重要保证。

陈丽是京昌新奥燃气营业厅的一名员工。一次，一位大爷拿着一堆五花八门的卡来营业厅办理购气业务。原来大爷不认识字，分不清家里的哪张才是燃气卡。帮大爷办理完购气业务后，陈丽想，大爷分不清燃气卡，那回去后怎么插卡呢？对此，大爷无奈地回答说："没办法，只能把所有的卡都插一遍。"

陈丽于是想，这样既不方便大爷买气用气，又容易造成磁卡消磁。尽管像大爷这样的例子不多，但这也对自己的工作方法提出了新要求。能不能想办法帮大爷解决问题呢？琢磨了一下，陈丽有了主意：她找出纸，在上面画下了天然气卡、电卡、水卡、银行卡的图案，分别贴在了大爷拿来的那些磁卡上。这样一来，大爷就不会再混淆了。尽管只是一件小事，但帮大爷解决了大问题，大爷也因此多次上门表示感谢。

在工作中，我们会遇到各种各样的问题，工作的过程在很大程度上就是解决问题的过程。一个人在工作中的价值，往往和他解决问题的能力成正比。"心不难，事就不难"，解决问题的过程，就是我们提升自己能力的过程。

总有更多的办法

很多时候，我们之所以会对问题产生恐惧、畏难的情绪，是因为我们的思维没有打开，总觉得要解决问题，只能朝一个方向去努力。而实际上，解决问题的方法往往不止一种，这种方式不行，还有另外的方式，总会有更多的办法。

长城饭店一向以尽可能满足客人一切合理的需求为宗旨。关于这一点，饭店有一个经典的案例。

一次，一位外国客人入住长城饭店。客人对饭店的服务很满意，可他提出的一个要求却让饭店方面犯了难。

原来，这位外国客人想要联系当时担任国务院总理的朱镕基。

但一个饭店，怎么可能联系上总理？

好几天，大家都在为这件事情发愁，因为看起来无论通过什么渠道，要满足客人的要求几乎都不可能。

就在饭店方面快要放弃的时候，他们突然想到，为什么不换一种思路呢？朱镕基是总理，但同时他还有另外一个身份——清华大学管理学院的院长。为什么不试试这个渠道呢？

没想到一试之下居然成功了。

一件看似不可能做到的事情，因为换了一种思路，最终竟然做到了。所以，条条大路通罗马，当一条路走不通的时候，不要轻易放弃，再想想有没有其他的办法。有时候，另辟蹊径，可能会产生意想不到的效果。

如果问你："家电和美容化妆品是否有区别？"你肯定会说："当然有区别，这还用问吗？"

下面这个例子能帮你打破固定思维。

一次，为了给公司下一步将要推出的加湿器制定宣传方案，一个家电公司专门召开了会议。

当时市场上的加湿器品牌已经有很多，功能和效果也没有太大的差别，因此要想在激烈的竞争中获得一席之地并不是容易的事。

大家讨论了很多种方案，但都不理想。就在高层决策者为此一筹莫展的时候，一位中层提出了不同的思路："为什么一定要局限在家电市场呢？能不能有别的思路？"

可加湿器本来就属于小家电产品，不在家电市场中销售还能在哪里销售？

看着大家疑惑的表情，这位中层接着说，有一次，他在家里看见妻子用水蒸气蒸脸做美容，因此受到了很大的启发。他觉得可以考虑将加湿器稍加改进，定位在美容产品上。

这一思路得到了高层决策者的一致认可。在对加湿器进行改进的基础上，公司推出了全新的广告理念——加湿器，女性最好的保湿美容用品。

新产品一推出，就受到了很多女性的青睐，销售额也节节攀升，成功地抢占了市场份额。

前面两个案例告诉我们，当我们觉得已经没有办法的时候，不妨再拓展一下思路：能不能换一个角度看问题？还有没有别的可能性？能不能从相关的地方找到突破点？这样一来，或许就会豁然开朗。

总有更好的办法

在职场中，很多人都有一个习惯：遇到事情，总是不假思索，立即就去做。尽管我们强调行动力，但我们更强调有质量的行动力。也就是在行动之前，先思考一下，什么才是更好的办法。

举个最简单的例子，假如领导让你给客户寄一份快递。

这时候你既可以选择步行20分钟到邮局去寄这份快递，也可以找一家快递公司，打电话请他们过来取快件。

毫无疑问，这两种方式都可以完成领导交给的任务，但哪种方式更快捷、方便和高效，不言而喻。

在我们公司，曾经发生过这样一件事。

有一次，办公室的灯管坏了，我让文秘去五金店买几根回来。她的行动倒是很快，我话音没落两分钟，她就已经出门了。

20 分钟后，她两手空空地回来了。我问她买到灯管没有，她有些不好意思地回答说："我不知道灯管的型号，没买成。"

这让我觉得既好气又好笑，就算不知道型号，也可以打电话回来让同事帮忙看一下。谁知道她更不好意思了："我没有带手机。"

其实，去买灯管之前，她完全可以先看一下灯管的型号，如果还是拿不准，她可以直接拿着已经卸下来的灯管到五金店去，这样肯定不会搞错。

就因为根本不思考就开始行动，结果做了无用功。

"不想就做"还是"想好了再做"，效果往往截然不同。

当百货业巨头沃尔玛刚刚进入中国时，很多企业都想让自己的产品能够在沃尔玛销售，海尔也是其中一家。别的企业大多采取直接跟沃尔玛中国区负责人联系的方式，但海尔的首席执行官张瑞敏却认为还有更好的办法。经过讨论，最后海尔采取的办法是在沃尔玛美国总部旁边树起一个很大的海尔广告牌。

每当沃尔玛的总裁在工作之余，想放松一下看看窗外时，总能一眼看到那个巨大的广告牌。终于有一天，总裁忍不住问那是什么企业的广告牌。

下属经过了解之后，向他汇报说，那是一个叫海尔的中国品牌，在中国很有名。后来，沃尔玛的总部就安排中国区的负责人和海尔进行接洽，海尔也就顺利和沃尔玛开始了合作。

我们常常说"上赶子不是买卖"。与其主动去找别人，不如想办法让别人主动来找自己。

对于职场中人来说，如果总能用"更好的方法"去解决问题，这不仅是一种负责的工作态度，也是一种让自己的思维得到极大锻炼的方法。

让创新智慧为你的发展提速

很多职场中人都有一个误区，觉得创新是高科技人才做的事，跟自己无关。

其实，在这个竞争越来越激烈的时代，企业只有通过不断创新才能发展。而一个优秀的员工，不会总守着过去的经验和方法不变，而是会根据需要不断地调整和创新。

实际上，只要用心，每个人都可以成为创新者。举个简单的例子，如果你采用了一种更有效的工作方法，那就是在创新。

在胜利油田，提起代旭升，可以说无人不知。尽管只有初中学历，只是一名普通的采油技师，但他却革新 80 多项采油技术，其中一项还获得了国家科技进步二等奖，他本人曾经得到党和国家领导人的亲切接见。

17岁那年，代旭升来到胜利油田，成为了一名普通的石油工人。尽管起点很低，但他却立志要当一名最好的石油工人。

尽管只有初中文化，但代旭升不断自学，不仅自学完了高中课程，还"啃"完了《采油工艺》、《采油地质》等很多专业书籍。

刚参加工作，师傅首先教他的是最平常的平井场，也就是用铁锹一锹锹把井场拍平拍直。由于费时费力，他开始琢磨更省力的方法。从农村打麦场上常用的辘轳中，他受到了启发，于是找来四五米长的粗管子，在里面装上沙子后将两头封上口，上面再焊个把手推压井场。由于管子粗，受力面积大，压出来的井场既结实又耐看，这种办法很快就在全队推广开来。

有段时间，队里上了一批新式抽油机。由于抽油机平衡缸漏油撒气，齿轮泵经常出现故障。这样一来，他和同事就不得不爬上4米多高的机器去加油，操作起来既不方便又危险。

能不能不用爬上去就可以加油呢？代旭升又开始琢磨起来。

于是代旭升白天在井上观察，晚上就在家里查资料。然而一连3个月，都没有任何进展。这时，有人开始说起了风凉话："一个初中生，还想搞发明创新，根本异想天开嘛！"

听了这样的话，尽管心里也很难受，但代旭升下决心一定要做出点名堂来让大家看看。

经过半年多的努力，代旭升终于将他发明的"气压式加油包"装到了机器上，他和同事再也不用爬上爬下给机器加油了。

工作38年来，代旭升先后自主完成了80多项技术革新，其中

15 项获国家实用新型专利，2 项国家发明专利，累计创造经济效益
1 亿多元。

因为敢于超越和创新，只有初中学历的代旭升成长为新时代创
新型技术工人的代表，取得了一般人难以想象的成就。而他的经历
也告诉我们，只要有心，工作中的创新机会无处不在。

那么，我们到底应该从哪里去寻找创新机会？有三点特别重要：

工作中不方便的地方，恰恰是创新的机会；

大家都感到麻烦的地方，恰恰是创新的机会；

大家都有需要的地方，恰恰是创新的机会。

形象：你就是单位的品牌

"不要往自己喝水的井里吐痰"

对于一个一流的员工来说，不管到哪里，都会时刻提醒自己：我不仅代表着自己，也代表着单位的形象，我就是单位的品牌！

原因很简单，我们和单位是一个整体，单位有发展我们才会有发展，而损害单位的形象和利益，其实最终损害的也是自己的形象和利益。

俗话说："不要往自己喝水的井里吐痰！"因为你自己还要喝这井里的水。对于任何员工来说，维护而不是损害单位的形象，是一种最基本的职业道德。

而当你轻视自己的单位时，别人也会因此而轻视你。

前不久，我们公司的打印机坏了，于是我让秘书找一家办公用品公司买一台新的。

第二天，那家公司就派员工将打印机送了过来。我突然想起来还应该再添置几部新传真机，于是想，干脆都在那家公司买算了。

正当我准备跟那位送货员工谈订货的事时，突然听到他和我的秘书在闲谈："现在干业务真不容易，我们公司可烦人了，一点人情味都没有，头儿天天催着我们干活不说，还老是瞎指派……"

听到这里，我突然打消了从他们公司订购传真机的念头，而是重新让秘书找了一家办公用品公司。

我之所以突然打消了购买的念头，是因为那个员工的话让我感觉不太舒服。也许他只是无意识地发发牢骚，但给我的印象是这个员工缺乏基本的职业素养。而且从他的话语中，我感觉他们公司既不团结也不稳定。连自己的员工都对公司没有好感，那他们卖出的东西，能有保障吗？

当然，几台传真机不过是笔小生意，算不了什么。但如果这家公司的员工都像这位送货员工一样，长此以往，只怕公司想要维持下去都难。而当公司无法维持下去的时候，员工还谈得上什么发展？

一个合格的员工，就算对单位有什么意见，也只会采取合适的方式在内部提出来，而不会在客户和其他人面前，处处破坏公司的利益和形象。

当一个员工无所顾忌地在任何场合批评自己的公司时，那么就如同往自己喝水的井里吐痰，不仅会弄脏井水，自己也会给人留下

"这个员工素质很低"的印象。

陈先生是一家公司的程序设计员，因为能力强，很受领导欣赏。后来公司因为发展需要，又招了一位新的程序设计员。俗话说"同行是冤家"，陈先生对这位新来的员工死活看不上眼，觉得他处处比不上自己。

可公司的领导很赏识这位新员工，常把一些重要的工作交给他去做，而新员工也不负众望，做得相当出色。出于忌妒心理，陈先生处处和这位新员工作对，需要合作的时候也不愿意配合。

尽管领导多次找陈先生谈话，希望他能够从大局出发，和同事们一起做好公司的项目。可陈先生不仅听不进去，反而觉得领导是故意针对自己。于是恼羞成怒之下，他编造了一些公司的所谓"内幕"，匿名发到了网上，给公司造成了不良的影响。这些被公司发现了之后，不用说，陈先生自然被请出了公司。

对此，原本以为出了口"恶气"的陈先生却满不在乎，心想凭自己的本事，找份工作还不容易？可好事不出门，坏事传千里，他的所作所为已经在圈内传开了，没有一家公司愿意聘用他。最后，陈先生只得无奈地在一家很小的广告公司当了一名设计员。

这就是往自己喝水的井里吐痰的结果。表面上看，似乎是伤害了公司，实际上却是伤害了自己。

所以，任何时候都不要忘记，我们和公司是息息相关的，是一损俱损、一荣俱荣的关系。

单位提前，自我退后

"单位提前，自我退后"就是说，不管什么时候，都把单位、团队和集体的需要放在第一位，而不是自己的需要和利益。

我们来看看奥运冠军陈中的陪练员陈志权是怎么做的。

陈志权在1998年夺得了全国跆拳道冠军赛男子72公斤级第3名，这样的成绩，不仅让他对自己付出的艰苦训练感到欣慰，也让他对一年后参战奥运会充满了信心。

然而让他没有想到的是，就在他更加积极投入训练的时候，教练却突然找到他，说女队比男队的实力更强，拿奥运冠军的概率也更大，所以希望他去当女队的陪练。

这个消息让陈志权一时间难以接受，要知道，给女队陪练就意味着自己要放弃奥运梦想，而那么多年的努力也就白费了。

但经过思考之后，他觉得教练的分析是有道理的，从大局出发，为了集体的荣誉，他决定接受为女队员陈中当陪练的任务。

而陈中也不负所望，在2000年的悉尼奥运会上，夺得了女子67公斤级跆拳道冠军。悉尼奥运会之后，陈志权又继续给陈中做陪练。2004年，陈中在雅典奥运会上再次夺得冠军。

陈志权的付出，成就了陈中这位奥运冠军。

在工作中，我们每个人都可能遇到单位需要和个人需要发生冲突的时候，这时候该怎么办？优秀的人总会做出"单位提前，自我靠后"的选择。

其实，很多时候，"单位靠前"不仅仅是放弃自己的利益和需求，或者甘当配角，有时候还需要为了整个团队而放弃自己的某些个性。

凯西被誉为"美国杂志界第一夫人"，也是《财富》杂志评选的"全球最具影响力的 50 位女性"之一，曾经连续七年荣获《福布斯》杂志评选的"美国商界最具权势的 50 位女性"称号。从职场中一个普通的助理到美国杂志界女王，她的成长经历有很多值得我们借鉴的地方。

在她的自传《凯西来了》一书中，写了这样一件事。

进入职场后，凯西曾经在《女士》杂志工作过一段时间。由于她的工作作风直截了当，有时候甚至有些粗鲁，这让她的下属觉得无法忍受。

当上广告经理才 6 个月的时候，下属就跟她发生了正面冲突。当时她们在公司外面开一个销售会议，几个下属就聚集到她下榻的酒店房间，提出要她辞职，否则她们就集体辞职。

尽管凯西知道自己很专横，也知道下属对此很不满，但她没料到下属会要求她辞职。

尽管凯西很想说："你们怎么能这样？你们难道没看见我的努力都是为了杂志好？"但她意识到，如果自己不想辞职，又想让下属都回到团队中来，那么她只有一种选择——自己做出改变。

尽管并不容易，但凯西还是开始改变自己的管理风格。她开始每天关注下属跟客户联络的进展情况，每周开一次销售会议讨论最新进展……接下来的几年里，在大家共同的努力下，《女士》取得了成功。

对于这段经历，凯西这样写道："这是我工作生涯中最令人骄傲的业绩之一，同时它也是很好的一课。"

不可否认，每个人都有自己的个性，但如果这些个性已经对整个团队造成了困扰，那么我们就有必要考虑改变或者放弃它。而这种改变和放弃，有时候反而会更好地成就自己。就像凯西一样，她改变了自己的个性，但赢得了团队的齐心协力，让《女士》获得了成功。

你就是单位的"金字招牌"

"金字招牌"，其实就是信誉和口碑的代名词。只要一提到或者看到它，就会让人产生绝对的信任感。

对一个一流员工来说，不管走到哪里，都会要求自己做到最好，因为他们时刻都会记住，自己就是单位的"金字招牌"。

在海尔，每个人都会牢牢记住这样一句话：你的形象，是海尔！

对此，锡恩英才公司副总经理、海尔地产常年管理顾问杨鹏博就深有感触。

一次，他给海尔地产的中高层做培训课，中午吃饭的时候，海尔地产的卢总突然接到海尔首席执行官张瑞敏的通知，让他临时去海尔总部开一个简单的碰头会，大约需要半个小时。因为当天参加培训，卢总按要求穿的是便装，于是他马上让司机回家取自己的西服工装和领带，换好衣服后才去总部开会。

当时，杨鹏博感到有些惊讶，因为不过是半个小时的沟通，何况卢总当时在参加培训，又是临时接到通知，解释一下没有穿正装的原因也合情合理，为什么非要牺牲掉自己吃午饭的时间，也要保持一个良好的职业形象去开会呢？

卢总离开后，杨鹏博忍不住向海尔的其他领导说出了自己的疑惑。海尔地产的一位高管向他解释说，海尔员工都是着工装上班，去见张首席是工作时间，当然要穿工装。

杨鹏博说，像今天这种情况，卢总完全可以跟张首席解释一下。

那位高管笑了笑，回答说："张首席经常会将很多到海尔来谈合作的高端人士介绍给卢总，与外来的客户会面时，卢总的形象也就代表海尔。而在海尔园中，所有的员工都是工装上班，同为海尔人，又如何去给千千万万的海尔员工解释你今天的不同？所以卢总有这些时间解释，还不如抓紧时间换件衣服。统一的服装，代表着海尔的形象！"

当然，对于海尔人来说，代表海尔形象的，远远不止统一的服装，还有一流的服务。

一次，海尔售后服务部接到一个客户的电话，说家里的洗衣机出现故障，请他们过去维修。海尔的员工于是和客户约好，第二天早上8点上门维修。

由于客户的家很偏远，加上当时外面下着滂沱大雨，路十分不好走。这位员工算了一下，如果当夜不动身的话，那么第二天就无法在约定的时间赶到客户家。

于是他马上披着雨衣去了车站。谁知车刚走到半路就突然停了下来，原来接连几天的大雨造成了山体滑坡，阻断了前面的道路，所有车辆都无法通行，只能原路返回。

于是这位员工要求下车，说自己走路过去。当时司机和售票员都劝他不要下车，但这个员工很坚持，最后司机没办法，给他打开了车门。

第二天早上8点，当客户听到门铃响，打开门发现是海尔的员工站在门外时，惊讶得说不出话来。

原来客户一早就从新闻里听到山体滑坡、交通阻断的消息，他认为海尔的员工肯定不会来了。

当客户得知海尔的员工是连夜赶过来早就到了，但因为怕打扰他休息，一直在门外等到8点才敲门时，客户感动得流下了眼泪。

相信任何客户都会被这样的员工感动，并因此对海尔产生更大的信任。当企业拥有大批这样的员工，而员工也将树立企业最好的形象当作自己的使命时，企业就能得到长足的发展，员工也能在企业中实现自己的最大价值！

第三单元

如何快速让自己"职商"超群

变"个体人"为"单位人"

不是所有才子的才干都值钱

每个人在职场中想要发展顺利,首先要完成从"个体人"到"单位人"的转变。所谓"个体人",就是一切以自我为中心,凡事强调"我喜不喜欢"、"我愿不愿意"、"我想不想干",而"单位人"则凡事从单位的需要出发。

在职场中,很多人尤其是刚刚进入职场的年轻人,常常会有一个误区:以为自己是"才子",在职场中理所当然应受到重视和重用。而实际上,"才子"并不等于你在职场中的才干有价值,个人的才华只有和单位的需要与发展结合起来,并最终转化成绩效,才华的价值才能真正体现。

很多在学校被誉为"才子"的人,走出校门步入职场却发现,自己曾经引以为豪的才华,不仅没有为自己加分,反而在一定程度上阻碍了自己的发展。

我们公司曾经来过一位大学毕业生，他很有想法，在学校成绩优秀，而且一直担任学生会干部。按说这样的人应该有很好的发展。但两个月不到，我就请他离开了。原因是他不是来工作而是来"指点江山"、来给公司"挑刺"的。

来公司不到一个月，他就给我写了一封5000字的建议书，指出公司有哪些不足，应该在哪些方面做改进，未来应该如何发展……

我把他叫过来谈话，先感谢了他，并对他的建议表示了肯定。但我还是非常明确地告诉他，安排给他的本职工作他没有用心做好，如果能将主要精力放在如何做好自己的工作上，再为单位提意见，我们会更欢迎。

但他不仅听不进去，反而因为我没有接受他的建议而觉得我否认了他的能力，感到自尊心受到了伤害，从此工作越发不在状态。没办法，最后我只好请他走人。

在职场中，类似于这位大学生的人并不在少数，他们认为自己有才能，所以希望单位按照自己的想法走，却没有明白一个基本的道理：连自己的基本职责都还没有搞清楚，连分内的工作都没有做好，单位凭什么认同你？

并不是说他的才华有什么错，而是他对自己的才华过于自恋的心态错了。

阿里巴巴集团董事长马云就曾经对新来的员工说过："刚来公司不到1年的人，千万不要给我写战略报告，千万别瞎提阿里发展大计……谁提，谁离开！但你成了阿里人 3 年后，你讲的话我一定洗耳恭听。"

当我们转换心态，凡事以单位的需要为出发点时，职场之路自然会越走越顺。

孙振耀曾担任惠普中国区总裁，被誉为"中国职业经理人的榜样"。他在惠普工作的 25 年里，经历了 4 任全球 CEO 和 19 任来自全球不同地区、性格各异的上司，然而每一任上司对他的表现都很满意。因为不管面对怎样的领导和工作环境，他总是很快就能适应。

刚到惠普，工程师出身的孙振耀突然被公司要求转为做销售工作。

开始 3 个月，他一台仪器都没有销售出去。他本来是做技术的，现在要做销售，一下子还不能适应。因为当时没有电脑和手机，交通也不方便，他和客户的联系往往通过书信进行。不仅如此，他总是按照做技术时的工作方式，将产品规格、技术指标等都通过信件告知客户。

可客户总是说这个不对、那个也不对，因为对方也是工程师，两个人总是在较劲，订单总也出不来。

有一次，领导问他业绩如何，他说出了自己的苦恼，领导听后只说了一句："客户是不喜欢你的产品还是不喜欢你这个人？要从人性开始。"

孙振耀一下子醒悟了，他开始明白，不能总是拿工程师的思维方式去做销售工作,销售工作首先需要将人际关系处理好。

意识到这一点后,他开始离开办公桌,主动出去拜访客户。

算准了客户下班的时间,他就提前在客户的办公楼下等。有时候为了有更多时间和客户沟通,他还主动开车送客户回家。3个星期后,客户购买了孙振耀的产品。

这次经历给了孙振耀很大的触动,后来他还总结出了这样一个观点:在一个不断发生变化的"动"时代,只有具备适应能力的人才能够生存下去。

刚进惠普,孙振耀并没有因为从做技术转为做销售而感到不满,也没有觉得自己的能力得不到发挥而辞职不做,而是调整自己去适应工作。这种不断适应的能力,成为他后来在职场发展的核心能力。

所以,就算有能力,也不妨先适应单位的需要,满足了单位的需要,能力自然就会有发挥的空间。

早点上轨道,才跑得更远

很多人刚出校门跨入职场时,都会有些茫然无措,不知道该从哪里努力。

那么怎样才能度过从学校到单位的这段过渡期,快速走上发展的轨道呢?

《青年文摘》上登过一篇叫作"No problem"(没问题)的文章,

讲的是一位叫小柯的实习生实习期还没过就被提拔成技术部经理助理的故事。我们来看看他是怎么做的。

尽管只是一个实习生，但小柯有一个特点，那就是不管领导还是同事让他做什么事情，他都会微笑着说一句"No problem"。

刚到公司半个月，一天快下班时，小柯得到通知，让他晚上加班。原因是公司的员工认为现有的制度有很大漏洞，于是派出代表和公司的总经理进行谈判。而制度改革的结果必须在明天早上8点的员工大会上宣布。

整整一个晚上，他都在根据双方的意见对谈判材料进行修改。等到双方达成一致，已经是第二天早上7点40分了，只有20分钟时间，他需要将材料打印出300份。

当同事问他是否来得及时，他仍然是一贯地回答："No problem!"

这时候，总经理因为不放心特意过来看看，听到小柯回答得那么肯定，尽管有点不相信，但还是什么都没说就走了。

只有20分钟，材料是用A4的幅面，光靠一台复印机印出300份材料的确不可能，于是小柯赶紧联系其他部门的复印机。可不巧其他的复印机都在干活，没办法，只能靠自己解决了。

急中生智的小柯决定用A4的纸翻印两张后，再将它们拼在一起，用A3的纸进行复印，这样只需要在自动复印的按键上输入150份就可以。

等复印材料全部出来后，小柯将资料摞齐用切纸器进行切割。这一切做完，时间是 7 点 59 分。

看着会议室桌上的材料，总经理有些惊讶，忍不住问："我问过其他人，都说没办法在 20 分钟之内印完 300 份文件，你是怎么做到的？"

于是小柯一边分发材料，一边将过程向总经理解释了一遍。

总经理听了没有说什么，只是若有所思地点了点头。

过了没多久，一天中午，总经理拿着 U 盘找到小柯，问他可不可以帮助把 U 盘里的材料制成幻灯片。

小柯有点意外，因为照理来说，这样的工作应该由广告部来做。但他还是丝毫没有犹豫接过 U 盘，说了句："No problem!"

这时总经理解释说，这件事本来应该由广告部的小齐去做，因为小齐请假了，所以只好辛苦他。

一个小时后，小柯将做好的幻灯片送到了总经理办公室。

没过一会，总经理就派人把小柯叫到了办公室。小柯以为幻灯片出了什么问题，所以当总经理告诉他从下午开始不用再到秘书处上班了时，他以为自己被开除了。但他还是忍不住问自己哪里出问题了，知道了以后也好改正。

谁知道总经理却说："问题就在你的 No problem! 我不能将一个这样的员工放在琐碎的工作上，我应该让他有充分发挥自己的空间，因此，从现在开始，拿着这个立刻到技术部报到……"

这已经很出乎小柯的意料了，而更让他没有想到的是，报到单上，他的职位竟然是技术部经理助理。他是全公司唯一一个提早结束试用期并直接从文员成为经理助理的人。

小柯的经历告诉了我们，在职场快速走上发展轨道的核心，是要掌握三个"No problem"：

- 做好自己的本职工作，No problem！
- 解决别人解决不了的问题，No problem！
- 承担额外的工作和要求，No problem！

要恃才助上，不要恃才傲上

在职场中，有一类人的发展往往充满了阻力，这类人有能力，却因此看不起自己的上级，觉得上级哪方面都不如自己，甚至处处要显得比上级高明，也就是典型的"恃才傲上"。

我们在举办"如何有效和上级沟通"的培训时，一位学员刚刚听了不到一半，就显得很不耐烦，以致忍不住发表自己的意见："吴老师，我觉得您讲的这些根本没有用，当你的老总是头猪时，根本就没必要跟他沟通。"

他的话引起了大家的哄堂大笑。实际上，有他这种心态的人并不在少数。

虽然他的话很冲，但我并没有生气，而是与他分享了一个道理：

"你有没有想过，老总的'傻'，也许恰恰是你的机会。老总不是神，他也有弱点和短处，他之所以请你来工作，是希望用你之长补他所短，如果你没有任何超过他的地方，他请你来做什么？反过来，如果你能弥补他的不足，成为让他离不开的人，不就是你的机会吗？"

接着我让大家思考一个问题：

"刘备请诸葛亮来，是想他辅助自己呢？还是请他来教育自己呢？"

这番话很明显触动了他，在之后的课程中，我发现他一直在沉思。下课后，他找到我，说："我要是早听到您的课就好了！我毕业于名牌大学，加上有能力，到哪个公司都很受重视，我因此觉得高人一筹，不仅对同事挑剔，对老总也很挑剔，老觉得他怎么这也想不到那也不会做，甚至觉得他愚蠢至极，往往一气之下就炒了老总的鱿鱼。

"和我同时毕业的一位同学，论能力，远远不如我，可他就是您说的那种把领导的'傻'当成机会的人，现在他已经是一家上市公司的副总了，而我还只是一个只有十几个员工的小公司的副总。

"我一直都不明白为什么一个知识、才干都远远不如我的人，却做得比我好。我现在才知道，他有能力就用来辅佐领导成功，帮助单位实现目标，而我自以为有能力，恰恰是用来显示自己超过他人。

"实际上，他的'傻'是大智慧，而我的小聪明，才是真的傻啊！"

在职场中，我们会遇到各种各样的上级，有的上级可能很优秀，但有的上级看上去可能并不是所有方面都超过你。但不管什么样的上级，都希望自己的下属不仅有能力，而且能用这些能力来帮助自己将工作做得更好。

有能力，还能全心全意协助上级的人，往往会有意想不到的收获。

中国台湾最大出版集团城邦集团的CEO何飞鹏在《自慢》一书中，写了这样一段难忘的经历。

28岁那年，他面临人生一个重要的选择。那时他在《工商时报》广告部工作，但因为兴趣原因，他决定请调回《工商时报》编辑部当记者。

但在广告部工作的一年半时间内，他的顶头上司——广告部总经理对他非常赏识，不仅对他倍加栽培和爱护，还给了他充分发挥的舞台。而他也全力以赴，在广告部的业绩有目共睹。

因为担心辜负了总经理的赏识，所以对决定离开这件事，他总觉得难以说出口。在煎熬了很长一段时间以后，他才终于鼓起勇气向总经理说出了自己想回编辑部当记者的想法。

没想到总经理很爽快就答应了，因为总经理觉得，他天生就是当记者的材料，迟早会离开广告部。

当总经理问他什么时候去编辑部上班时，他回答说，自己还没有跟编辑部谈。因为他想先征求总经理的意见，如果总经理同意了，他再去跟编辑部沟通，如果总经理觉得很为难，那他就继续留在广告部工作。

这让总经理很感动，而总经理接下来的一番话，更是出乎他的意料："你既然没有安排，那何必回那个新创刊的小报纸（《工商时报》那时创刊不久）呢？我介绍你去发行量一百万的《中国时报》！"

经过总经理向《中国时报》总编辑的极力推荐，他没有经过任何考试，就进入当时号称中国台湾第一大报也是他梦寐以求的《中国时报》工作。而这也成为他人生最重要的一次转折。

其实，人都是有感情的，在职场中，你怎么做，别人都看得见。懂得去尊重别人、为别人付出的，会得到别人的付出和尊重。

让职业素养成为"第二天性"

"职业意识"创造的奇迹

所谓"职业意识"，简单来说，就是只要是与自己的职业和工作有关的事情及现象，都会立即引起自己的注意和思考：可不可用到工作中？对我改进工作方法有没有借鉴？我能不能从中得到启发？

举个例子，一个优秀的编剧看到一则有意思的新闻，马上就会下意识联想：可不可以将新闻加工改编一下，用到剧本当中？

这种"职业意识"是一种非常好的职业素养，它不仅能锻炼我们的思维、提高我们的工作能力，甚至有时候还会创造意想不到的奇迹。

一天，法国化学家彭奈迪脱斯在实验室整理药架子时，不小心将手里的空玻璃瓶掉到了地上，发出了清脆的声响。按道理，地面是石头的，玻璃瓶肯定会摔得粉碎。

可奇怪的是，瓶子并没有碎，只是横七竖八布满了裂纹。

彭奈迪脱斯觉得很奇怪，于是捡起瓶子仔细研究起来。根据标签，瓶子里面原来应该盛着药水，但由于时间一长，药水已经蒸发掉了。除此之外，再也看不出这个瓶子有什么特殊的地方。

他将瓶子放回原处，但心里仍在琢磨瓶子为什么没有碎。

过了两天，彭奈迪脱斯在看报纸时，几条车祸的新闻图片吸引了他的注意力，图片上乘客被车窗玻璃的碎片划破了胳膊和脸、鲜血直流的画面，让他马上想到了那个裂而不碎的玻璃瓶。

他马上赶到实验室，再次对瓶子进行仔细检验。他发现，瓶里的药水蒸发后，在玻璃上留下了一层坚韧透明的薄膜。这层薄膜会不会就是瓶子裂而不碎的原因？

于是，他将药水抹在玻璃上，等药水慢慢凝结成透明状的薄膜后，再将玻璃从高处摔到地上。经过反复试验，结果证明，每块玻璃都只是出现裂痕，并没有破碎。

彭奈迪脱斯又进一步设想，单片玻璃都能够这样，那如果用药水将两块玻璃粘在一起，会不会更坚韧呢？

于是他又将两块玻璃粘在一起后进行试验，结果发现玻璃变得特别坚固，仅仅只出现了一些稀疏的裂纹。

经过反复试验和改进，一种新的玻璃——安全玻璃，就在彭奈迪脱斯手下诞生了。

这种玻璃后来被广泛用于汽车、火车、飞机等交通工具上。

看上去，安全玻璃的发明只是一个偶然，但实际上，它和彭奈迪脱斯的"职业意识"密不可分。正因为每时每刻都在琢磨，所以任何和它相关的现象都能引起他的联想，最终他创造了奇迹。

形成"职业意焦"

意焦，就是当你对某件事有强烈的关注意愿时，你的意识就会对所有有关的信息形成一个焦点。

而"职业意焦"，就是对自己所从事的职业形成强烈的关注，将职业变成意识的焦点。

一个人如果时时刻刻都在想着同一件事，由此产生的力量可能是惊人的。

大思想家康德从青年时期就养成了一个习惯——将头脑中涌现的任何一个想法立即写在纸上。在他专门准备的活页上，顺手拈来的信封、发货单上，都可以看到这些思想的记录。

大作家果戈理随时注意把生活中有用的材料、生动的语言记录在笔记本上，积累成可观的"手头百科辞典"。一次，他外出旅行，途中走进一家小酒店，突然来了创作灵感。于是立即取出纸片，在喧闹声中一口气写完了不朽著作《死魂灵》第一部第一章。

契诃夫也有随时记录的习惯，有一次他偶然在火车上听到几句有趣的话，于是马上拿笔记录，谁知笔坏了，他急中生智，划了一根火柴，等火柴熄灭以后，就用焦黑的火柴头记录下来。

电学专家安培一次在巴黎大街上突然来了灵感，可一时没有纸和笔，他就把停在街边的两轮马车的后板当成黑板，在上面演算起来，直到完成他的推导。

上面这些名人的例子，都是"职业意焦"的典型。

在职场上，"职业意焦"往往能促使我们产生更多的解决问题的灵感。

一次，海尔接到山东威海的一位消费者发来的邮件，说她在看海尔的电视时，每次换台，电视都会突然"黑"大约一两秒钟才能换到下一个台，画面的骤灭骤亮以及强烈的光线色彩反差让她的眼睛很不舒服。

针对这个问题，海尔的一位研究部主任开始琢磨，为什么客户在看电视时会有这种感觉？

经过研究他发现，人眼能接受的视觉频率为每秒 24 幅画面，而传统彩电在换台时，视觉频率为每秒 1.5 幅画面左右。所以人眼能明显感觉到画面的停顿和明暗骤变，轻者会使眼睛产生略微的不适感，严重的则会由于视网膜的反复收缩导致眼球干涩生疼。

为了解决电视晃眼问题，他专门召集相关开发人员，组成一个研究小组。

一天，这位主任加班后回到家，已经是深夜 12 点，为了不吵醒家人，他特意将灯调到了最暗。

就在他的手按下电灯开关的一刹那，他突然想，如果能在电视机里安置一个可以控制光亮的模板，晃眼的问题是否就能解决呢？

第二天一上班，他就提出了自己的想法。经过小组成员共同探讨，大家都认为这个方法可行。很快，一款能解决晃眼问题的彩电就问世了。

由于时刻都在思考怎么解决问题，就形成了"职业意焦"，于是从电灯的开关中找到灵感，解决了电视机换台晃眼的问题。而在工作中，很多人的习惯是，问题出现了，有时间就想一下，没时间就扔到一边，甚至解决不了就推给领导和同事，让自己的问题变成别人的问题。这样的结果是，越不想越没办法，思维也越来越僵化和迟钝。

用力工作只能做到称职，用心工作才能达到优秀

在培训中，我经常强调这样一个观点：一流员工是用心工作的人；二流员工是用手工作的人；三流员工是手和心都不用的人。

李凯是首汽股份有限公司的一位优秀员工。作为一名出租车司机，他常说，在外地人面前我代表了北京，在外国人面前我代表了中国。无论什么时候，他都非常用心地工作。

一次，一个日本剧组来北京拍电视剧，包了首汽公司的车，李凯作为司机一直跟着拍摄组拍摄。

因为知道有一场戏要在长城上拍摄，李凯想到那位演父亲的老先生年纪很大了，爬长城肯定会吃力，于是就为他准备了一根拐杖。

但刚开始时，他并没有直接将拐杖拿出来，因为他怕伤了老先生的自尊心。后来看到老先生快爬不动的时候，他赶紧过去扶住了老先生。

老先生向他笑着拍了拍自己的腿，意思是年纪大了，爬这个有点受不了。这时候李凯不失时机地将拐杖拿出来，递给了老先生。

老先生当时很感动，说："中国人说不到长城非好汉，现在我真正成了好汉了，我能够成为好汉全靠你多给我'一条腿'。"

在这个案例中，我们可以看到，李凯的工作做了3个层次。

第一个层次，他完成了自己的本职工作，将车开好。做到这个层次，只能算一个普通的合格员工。

第二个层次，主动为客人服务，在没有人要求的情况下，为老演员准备好拐杖。做到这个层次，应该算得上是优秀员工。

但李凯并没有停留在这个层次上，而是做到了第三个层次，用心体贴自己的客人，在照顾客人自尊心的同时，巧妙地在客人最需要时给予帮助。

其实不管做任何事情，只要用心去做，都能做到最好。

庄仕华是武警新疆总队医院的院长，曾荣获中国医师最高奖"中国医师奖"以及"中国守信院长"、"全国百姓放心医院院长"、"新中国成立后为国防和军队建设做出重大贡献具有重大影响的先进模范人物"等荣誉称号。

30多年来，庄仕华为患者进行过5.8万例胆囊手术，创造了无一例失败的奇迹。他精湛的医术和他的用心是分不开的。

在巡诊中，他发现在新疆胆结石的发病率很高，但很多人因为担心手术费用高、手术过程痛苦，都不敢到医院治疗。为此，他主动要求到北京医学院学习用腹腔镜进行肝胆手术的技术。

为了熟练掌握这项技术，庄仕华勤学苦练。偶然间，他发现剥葡萄的手法和肝胆手术很相近，因为葡萄皮很薄，如果能顺利把皮剥下来而不戳破葡萄，那么把薄薄的胆囊从肝脏上剥离也就没有问题了。

就这样，庄仕华从剥葡萄皮开始练习，技术纯熟后又用动物肝脏进行反复练习，终于完全掌握了这项技术，并创造了用腹腔镜做肝胆手术5.8万例无失败纪录的奇迹。

要想在工作中有所成就，"用心"是必不可少的因素。只有用心了，才会用更高的标准去要求自己，让自己做到最好。

当情绪的主人，而不是让情绪当你的主人

在一次给管理者做培训时，不少管理者提到：过于情绪化的员工，往往是最缺乏职业化的员工，也是他们最不喜欢的一类员工。

一位管理者谈到他曾经有一位做业务的下属，她的情绪每天都可以通过客户联系表直接反映出来：如果那天她给客户打电话的数量超过30个，说明她情绪还不错；如果只有寥寥几个，不用说，肯定又闹情绪了。而闹情绪的原因有很多，比如跟男友吵架、房东要涨房租、上班没有及时赶上公交车、挨了领导的批评、客户态度不好……

这位管理者说："员工偶尔有情绪可以理解，但如果情绪化已经成为一种常态，就有大问题。公司花钱雇你来是工作的，没有责任也没有义务为你的负面情绪买单，何况，这种负面情绪还会影响到团队的其他员工。"

所以，员工管好自己的情绪，学会当情绪的主人，而不是让情绪当自己的主人，也是提升"职商"的关键之一。为此，在工作中，我们要提倡让"工作需要"做主，而不是个人"情绪需要"做主。

一次，我出差住在希尔顿酒店。酒店里的一个年轻服务员给我留下了深刻的印象。

不管什么时候见到她，这位服务员脸上都挂着微笑，对客人的服务既热情又周到。

一天，我到酒店附近的商店买东西，刚好碰到那位已经下班的服务员。我发现，她脸上的表情和上班时不一样，满是悲伤，而且左臂上还系了一块黑纱。不用说，肯定是有亲人去世。

但一见到我，她马上又露出了微笑，跟我打招呼。通过交谈，我得知她的父亲刚刚去世不久。

我忍不住问她："怎么上班的时候一点也看不出来呢？"

她继续微笑着说："希尔顿酒店有一条规定——万万不可把我们心里的愁云摆在脸上！希尔顿服务员脸上的微笑永远是顾客的阳光。"

当时我特别感慨，通过这个微笑，我更多地理解了什么是职业素养。也正是通过每一位员工脸上的微笑，希尔顿酒店赢得了世界各地客人的心。

不可否认，因为各种各样的原因，每个人都会有闹情绪的时候，但对于具备一流职业素养的人来说，不管在什么情况下，他们都懂得控制自己的情绪。

在这方面，我们不妨看看曾获得中国电视金鹰奖优秀主持人奖的北京电视台著名主持人徐春妮是怎么做的。

在主持《外国人唱中国歌大赛》节目颁奖晚会前夕，她的父母住进了医院。

由于节目前9场比赛都是春妮主持的，第10场也就是颁奖晚会理所当然也要由她来主持。但当时父母的情况让她非常担忧。在晚会举行的前一个晚上，她感觉快要崩溃了。她觉得自己这样的状态，肯定会影响节目的质量，于是就打电话跟领导商量，看能不能换一个别的主持人。

尽管领导很理解春妮当时的心情，但也很为难，毕竟前9场都是她主持的，换谁都不可能那么熟悉节目的流程。于是领导还是希望她能够克服一下困难，继续把晚会主持完。

其实春妮也知道，自己是晚会的最佳人选，临时找谁接替都不合适。于是她答应领导，晚会还是由她来主持。

那场2个多小时的晚会，每次都是等选手一上台表演，退到幕后的春妮就开始忍不住流眼泪，而化妆师就一直站在她身旁给她补妆。

等到该她上场了，她马上就会调整心情，以最佳的状态出现在大家面前。整场晚会像往常一样，充满欢声笑语，直到结束。

春妮在场上的表现让领导感到很欣慰，就连她朋友也没看出她在台上有任何异样。而更让人欣慰的是，春妮的父母后来都康复了。

当然，在工作中，我们需要面对和解决的情绪问题，可能远远没有春妮要面对的那样大，但如何控制好自己在工作中的情绪，当情绪的主人，的确值得很多人学习。

关于如何掌控好自己的情绪，有3点很重要：不放任情绪、不放人情绪、不将自己不好的情绪迁移到工作和其他人身上。

把握好这3点，我们就不会被情绪牵着鼻子走。

打造自己的核心竞争力

加强学习，为你的发展投资

所谓核心竞争力，就是别人暂时无法替代的能力。而要打造自己的核心竞争力，学习是最好的途径。

《青年文摘》上刊登过一篇文章，讲的是一位叫孟小燕的女孩，如何从一个只有初中文化的小保姆成长为一厂之长的故事。

孟小燕是孤儿，16岁那年，她从河南嵩县一个穷山村来到洛阳，当上了保姆。孟小燕不仅活干得好，而且特别爱学习，每天工作之余，她都会向主人家上学的女儿借教材和笔记自学。通过勤奋苦读，不久后她考上了洛阳大学自费特招班。为了支付学费和生活费，小燕一边上学一边打工，几年下来，她总共打过30多份工，光打工笔记就写了200余万字。

毕业后，小燕进入深圳宝安龙信电子公司工作。刚开始，她只是个普通的组装工。但她并不满足，利用工作之余，她一边潜心钻研公司的各种技术，一边向老师傅虚心请教，还参加了各种学习班，自学了英语、法语、日语。

经过3年时间，孟小燕不仅对车间生产轻车熟路，连经营管理决策也了如指掌。这也引起了公司总裁的注意，当他看到孟小燕写下的几十万字的专业自学笔记和车间动态分析时，当时就想：这不正是公司梦寐以求的员工吗？

当天，总裁就破格将孟小燕提拔为公司策划部的经理。

从组装工到策划部经理，在别人看来，这已经很不错了，但她仍然不满足。她向总裁提交了建议书，建议公司在洛阳设立分厂加工半成品，并附上了详细的市场调研分析报告，还主动请缨担任洛阳分厂厂长。

总裁看了市场调研报告后，觉得孟小燕的分析很有道理，于是就同意了。孟小燕没有辜负公司的期望，洛阳分厂通过短短3年时间，就使每月的交货额达到了400多万元。而孟小燕也获得了"全国十大杰出进城务工青年"等荣誉称号。

从小保姆到厂长，孟小燕通过学习实现了自己在职场上的跨越。

越是愿意学习的人，越容易获得成功的机会。

演员吴刚凭着在电影《铁人》里的精湛表演，获得了27届中国电影金鸡奖最佳男主角奖。这让原本名不见经传的吴刚，成了大家关注的焦点。

其实在《铁人》拍摄之前，有很多优秀的男演员都想获得演王进喜的机会。吴刚在得知消息后，也主动给导演打电话毛遂自荐。可导演迟迟没有确定由哪位演员来演。

大多数演员都觉得希望不大，于是就放弃了。可吴刚不一样，尽管还没有定下来，但他却主动开始学习王进喜的事迹，研究有关他的点点滴滴。为了贴近人物的精神境界，他甚至自费去了大庆"铁人纪念馆"进行参观学习。

在得知王进喜会唱秦腔后，他又开始在网上收集秦腔方言，回家之后反复练习。

可能有人会想，演员还没有定下来就先开始学习，万一将来机会落到了别人身上，这些努力不都白费了吗？何况等导演确定下来，再去了解这个人物也不迟。

可吴刚却说："中国那么多好演员，竞争肯定会激烈，对我而言首先是要做好功课，一旦峰回路转，就可能有百分百把握。"

功夫不负有心人，导演看到了吴刚的执著和努力，最终"铁人"的角色确定由他来演。

学习的过程，就是增强自己竞争力的过程。在工作中，学习的方式可以多种多样，既可以在书本中学，也可以在实践中学，既可以向有经验的前辈学，也可以向自己的竞争对手学。只要用心，处处都是学习的机会和对象。

聪明的金子，要懂得在关键时刻发光

很多时候，想要在职场中脱颖而出，就要学会做聪明的金子，懂得在关键时刻发光。

我们先来看看我的大学师弟傅跃龙是怎么做的。

一次，他所在的企业要开夏季工作会议，集团领导便将会议筹备人员集中到一家宾馆，讨论一些前期准备工作。

傅跃龙作为会议主题报告的主笔人之一，终于有机会利用一日三餐的机会和总裁聊一些非正式的话题——文章之外的话题。

一天早餐时，傅跃龙无意中听到总裁跟办公室主任谈起经销商欠款的问题，这本来跟做办公室工作的傅跃龙没什么关系，谁都知道，清收欠款的事情不好做，弄不好会赔了夫人又折兵。

但傅跃龙认为，如果能为企业解决这个问题，可以一举三得。

一是清收债款、真金足银，成效大家看得见，如果做好了，说明他不但能文，而且还能武。

二是政策优惠，回报丰厚（当时公司的政策是清收债款扣除费用，按实际收回金额的 30% 奖励当事人）。

三是通过实践，既能和那些诚信的经销商建立起更密切的联系，又可借机剔除一些"不良分子"，帮公司建立更健康的运营模式。

于是傅跃龙大胆向总裁建议：成立清欠小组，负责人立下军令状，完成任务重奖，完不成任务则重罚甚至自动"下课"。

总裁正为数百万的债款为难，见有人自告奋勇，当然很高兴，立即拍板：由傅跃龙牵头成立"清欠小组"，统筹市场清欠工作。这样一来，傅跃龙立即调集了法律顾问、财务、审计人员，层层分解清欠指标，以保证完成任务。

年终的时候，傅跃龙负责的清欠小组实际收回现金超过 100 万元，完成诉讼、调解案件指标 300 余万元，这些可都是"捡回来的粮食"。

在春节前，总裁牵头组成考评委员会，对企业中层管理人员进行了考评。傅跃龙不仅被评为集团的"劳动标兵"，还获得了 2 万元的奖金和 24 K 的金质奖章一枚，另获清欠奖励 8 万元。当然，他从此也获得了公司的重用。

我们总是说：是金子总会发光。可是在这个注重自我推销的时代，不仅要做一粒金子，而且要做一粒主动发光的聪明金子，懂得在关键的时刻发光。

让优势越来越优

在找到自己的优势、为自己定位之后，并不代表可以从此一劳永逸。任何时候，优势都是相对的，一旦你不再努力巩固自己的优势，下一秒你就可能会失去优势。即便是战无不胜的将军，也要不停地练功；即便是无坚不摧的利剑，也要时时打磨。

从前有个人称马伶的演员，在南京兴化部戏班唱戏。还有一位人称李伶的演员，在南京华林部唱戏。

有一天，新安商人招集这两大戏班唱对台戏，两大戏班唱的都是《鸣凤记》，马伶与李伶都在剧中扮演奸相严嵩。

演着演着，人们渐渐从东边这个场子涌到西边那个场子去了，因为李伶把严嵩演得惟妙惟肖。马伶本是个技艺精湛的好演员，一见技不如人，就愤而出走了，最后兴化部戏班因为没有台柱子而不得不解散。

谁知马伶走了近3年后又回来了。他先找到了原来戏班里的老伙伴，然后又去找那些新安商人，请求再与华林部戏班唱一次对台戏，还唱《鸣凤记》。

戏开演了，演到一半，对面的李伶竟然看马伶演出看到出了神，不由自主地为之叫好，并停了戏上前叩拜马伶，自称弟子。

当天夜晚，华林部戏班的人来拜访马伶，说："你的演技原本很高，但还是比不上李伶，他演严嵩都演绝了。可现在不过3年工夫，你的演技却远远超过了他，是谁教你的呢？"

马伶回答说："的确，李伶的演技称得上天下第一，但他不可能将技艺传授给我。我听说当今的相国顾秉谦与严嵩是一类人，于是我跑到京城请求做他的跟班，这一跟就是3年。

"3年中我每天都伺候他，观察他的言行举止，听他说话的腔调，揣摩了很久，才掌握到这个程度。他就是我的老师呀！"

扮演严嵩已经是马伶的一个优势，在遇到李伶后，却被比了下去。这其实是我们每个在职场的人经常会遇到的事情。你这方面很优秀，可是还会有比你更优秀的人出现。

那该怎样做？就是像马伶那样，不断学习，进一步挖掘优势，让优势更优。

当然，职场中的人最好有未雨绸缪的心态，不要等比你更具优势的人出现时才想起要学习，因为一旦停止下来，你就已经在退步了。

我们常常会在体育报道中看到"××运动员是此项目的纪录保持者，在这次比赛中，他再次打破了自己保持的纪录"。

很多运动员就是在这样一次次地挑战自己的优势中，使自己的运动生涯走向巅峰的；同时他们也很清楚，如果自己稍有放松，就会被别人超过，没有人是永远的纪录保持者，只有永远的挑战者！

懂得优化自己优势的人，是时时可以进步的聪明人。任何人与事都有值得你去学习借鉴的地方，将所有的特点整合起来，在自己原有的优势上更加进步，这才是你真正的核心竞争力。

以空杯心态不断超越自我

你无法飞翔，是因为把自己看得太重

有这样一个故事。

人问神："为什么我无法飞起来？"

神没有回答，却去问鸟："你为什么能飞起来呢？"

鸟回答说不知道。

于是人愤愤不平："我这么聪明，这么有能力，上知天文、下知地理，可我为什么偏偏无法飞起来呢？而这样一只愚蠢的鸟却能在天空中翱翔！"

这时神对人说："你无法飞翔，正是因为把自己看得太重了。"

虽然这只是一个寓言故事，但有值得我们反思之处。把自己看得太重只是一个表象，真正的弊病是随之而来的自满。

西方有句格言："天使之所以飞得高，是因为它的翅膀很轻。"当一个人将自己看得过重的时候，往往是他无法进步的时候。

有时我们习惯于将目光紧紧盯在自己的长处上，看不到自己的不足，也看不到别人的优点。久而久之，我们便只能做井底的青蛙，不能进步，更无法飞翔。

一次我在给企业家做培训时，谈到了选拔人才的问题。我的单位是招收应届毕业生的，但不少企业家表示不愿意招应届毕业生。有一个老总十分感慨地对我说："我曾经很愿意招应届毕业生，但结果让我十分头疼。"

这位老总曾招过一个研究生，刚来的时候，老总十分希望他能给公司带来新的气象。可是没多久，老总发现这个研究生很傲气，总认为自己是名牌大学的研究生，觉得处处高同事一等。

当老员工跟他讲一些工作经验时，他就满不在乎地一撇嘴："你那些都是老黄历了，一点新意也没有。"气得老员工再也不愿意跟他多说一句话。

如果这个研究生真的做出一些成绩的话，倒也能让人高看他一眼。可是他来了两个月，什么都没做出来不说，整天只知道指手画脚，张嘴闭嘴就是自己的一套理论。

这个研究生还经常将一些很简单的事弄得十分复杂。比如有一天公司让他去买打印纸，结果半天都不见人影，一早出去，直到中午才抱着一大摞打印纸气喘吁吁地回来。

于是老总问他："你去哪了？怎么一上午都看不见人影？"

研究生上气不接下气地说："我去中关村买打印纸了啊，这么一大堆搬回来累死我了。"说完还掏出一张出租车车票要求报销。

老总接过出租车车票哭笑不得："买包打印纸用得着专门打车去趟中关村吗？打个电话订不行吗？人家还负责送货上门呢，价格比你买的还便宜许多。做事之前你就不能先问问别人吗？"

这位老总感慨地对我说："不光这些，每次我开会让大家提意见的时候，这个研究生总是一口一个'我在学校时怎么样'、'我认为这样最好'……自大得让人觉得可笑。

"他还动不动跟我说世界500强企业怎么样，人家是怎么运作的。

"这些我当然知道，可是我这只是一个不大的企业，无论人力还是资金都远远没有达到那个程度，他跟我说这些有什么用，一点也不实际。可我说他，他还跟我急，说我没有一点长远的眼光。两个月以后，我忍无可忍就把他辞退了。"

哪怕你是一个博士生，也要牢记"虚心使人进步"这个最浅显不过的道理。虚心并不是说把自己看轻，或轻视自己的价值，而是说你应该看到自己的不足，时刻向别人学习。

没有一个人是完美的，也没有一个人是全才，就算是精英，也有自己的缺点。

当你把自己放在一个很高的位置上，自以为处处高人一等时，其实是把自己放低了。所以请牢记：你无法飞翔，是因为把自己看得太重!

学会"时刻归零"

杨彤曾是联想控股集团的人力资源总监。有一次,在参加我的一次讲座之后,我向他请教:联想这些年发展很快,与企业文化的建设密切相关,那么什么是最重要的理念呢?

他沉思片刻,说:"那就是4个字——时刻归零。"

的确如此,不管是你刚走出大学校门,还是已经在单位取得了成绩,要更好地前行,就得学会一切从头开始,把过去的知识和荣誉都归零。

有成就容易自满,自满就容易止步不前。只有归零,才能腾出空间接纳新的东西;只有放低自己的心态,用空的心去学习,才能使自己不断地进步。

原一平是日本十分优秀的推销员,他虽然个子很矮,但在工作中十分出色。

对于自己的成就,原一平十分得意,觉得自己很了不起,可以把任何东西推销给任何人。

有一次原一平突发奇想,决定去向庙里的和尚推销保险,他热情地跟一个老和尚打招呼:"嗨!你好。"

那个和尚也说了句:"嗨!你好。"

然后，原一平就向老和尚侃侃而谈，看着老和尚非常耐心地听自己"游说"，他心中一阵窃喜，想着这次肯定能成功了。

可谁知，正当他高兴的时候，老和尚却说："人啦，最好是第一次见面就有一种让人记得住的东西，否则，一生不会有什么成就。"

老和尚的话可谓给了原一平当头一棒，让他那颗骄傲自大的心立时冷静了下来。

听完这番话，原一平决定向老和尚好好请教，每天与老和尚一起打坐，一方面"洗心革面"，另一方面，学会发挥自己的特长，弥补自己的弱点。

再后来，他开始训练自己的笑容，让自己的笑容可以有很多种方式，终于他的笑被称为"价值百万美元的微笑"，他也赢得了"推销之神"的称号。

老和尚的否定，揭露了原一平的缺点和弱点，也让原一平学会了把自己的心态放空，从零开始，学习一切对自己有帮助的东西，避免自己的片面，使自己更能看清真相，从而促使自己不断提高。

也许我们曾经风光，也许我们曾经辉煌，但人生不可避免地随时面临挑战，有时会出于想不到的原因，以前所做的一切会全部付诸东流。

当我们从人生的巅峰一下被打回人生的零点时，我们所要学会的，就是调整自己的心态。

在我们机构举办的一个培训班上，刚刚从国外留学归来的陈小姐，讲述了她在海外"归零"的故事。

她出国前是一家大公司的财务总监。出国之前她想，凭自己的能力，到了国外找一份会计或是家教的兼职，一边学习一边打工，应该不是难事。

可到了国外才发现，事与愿违。由于她的英语不是很好，找工作很困难，别说会计，就连给一个小学生做家教人家都不要。

一开始她打了退堂鼓，想实在不行，就回国吧，可是又觉得这样太没面子，于是一咬牙，决定放下架子，从零做起。

她开始到饭店刷盘子，每天双手都被水泡得发白。就这样，她咬紧牙关，不但自己赚钱交了学费，还利用业余时间学好了英语。后来她发现，自己打工的这家餐厅老板采用的还是手工记账，很容易混乱。

有一次她就问老板为什么不用电脑管理账目，既简便明了，又不容易出错。老板无奈地笑了笑，说他不太会用电脑。于是她晚上回家，自己用电脑建立了一个数据库。第二天上班的时候交给老板，并告诉他该怎么操作。

此后，老板对她另眼相看。正好这时老板的朋友所在的公司需要一位会计，于是老板推荐了她。

恰好这家公司是一家知名跨国企业，正准备在中国开拓市场，急需一位既精通中文和英文又了解中国市场的人才。她一去，充分发挥了自己的所长，几年后，她成为了这家公司中国区的财务总监。

陈小姐对我说："如果当初我不肯低下头去刷盘子，可能也不会成就今天的事业。"

如果一个人能有归零的心态，那么当他遇到挫折时，就会勇敢地面对，不会想不通，不会一味抱怨怀才不遇，更不会自以为是，眼高手低了。

在反思与改变中超越自己

人们在发展的过程中都会遇到各种障碍或瓶颈。这就需要不断反思和改变，以求更大的超越。

这就好比在路上遇到一块拦路石，也许会有很多人选择绕道走，在短期内可能可以省很多力气。但路很长，拦路石还会不断出现，与其一次次绕开，倒不如停下来，把石头搬开。

这样不仅主动地解决了问题，还在搬石头的过程中学到了解决问题的方法，为以后的工作增加了经验。这不但是一种挑战自我的勇气，也是一种超越自我、不断进步的智慧。

李开复曾在苹果、SGI、微软和 Google 等知名企业担任要职，很多听过他演讲的人，都觉得他是个天生的演说家。

但实际上，刚开始时，他的演讲不仅谈不上出色，甚至可以用糟糕来形容。

李开复在卡内基梅隆大学读博士的时候，成绩很优秀，而且他用统计学做出的语音识别科研成果，其相关论文发表后，在美国科技界引起了震惊，当年被《商业周刊》授予"最重要科学创新奖"。

可这样一个明星学生，却在工作中遇到不小的挫折。

有一年暑假，李开复得到了一份工作——教宾夕法尼亚州60个最聪明的高中生计算机课程。

李开复十分看重这份工作，每天尽心尽力，不仅认认真真备课，还想出各种教学方法。他自认为课程讲得够精彩了，没想到领取薪水的时候，他看到学生对他的评语，大吃一惊，因为评价中说："李老师的教学就像催眠曲！"

自己精心准备、满腔热情讲授的课程，竟然得到这样的评价，李开复当时的心情可想而知。

但李开复并没有抱怨，反倒带着感恩的心，感谢学生们让他看到了自己的盲点和缺点。从那以后，为了提高自己的演讲水平，他做了很多练习和改进，包括：每个月必须做两次演讲；演讲的时候，让朋友旁听，把优点和缺点记录下来；演讲前要排练3次；每个月都要去听演讲，并请教优秀的演讲者。

经过不断的练习，李开复的演讲水平有了很大的提高。后来他做过的演讲不下千场，都很受欢迎，更成为年轻人最受欢迎的演讲者之一。

所以，遇到障碍、发现自己存在不足并不可怕，只要敢于反思和超越，这些都会成为我们走向更大成功的基石。

与无形的"长辫子"永别

每个人都有自己的优点，按常理是应该引以为荣的。可有时候，优点也可能成为制约你发展的东西。

在我们举办的"首届中国白领成功班"上，一位姓薛的小姐给大家讲了一个"一头头发换一份工作"的故事。

薛小姐在法国留学时，得知巴黎一家生产世界知名品牌的公司要为在中国开设的专卖店招聘主管，于是决定去应聘。招聘要求很高，内容包括相关的专业知识和美感、创造力、领导才能等。

薛小姐在首次面试中表现得十分自信，也很出色，加上自己是中国人，学成之后会回中国发展，比其他竞争者更有优势，她认为得到这个职务是十拿九稳的。但没想到的是，面试后，主考官并没有立即录取她。对此，她十分不解。

薛小姐是一位非常善于反思的人。回去之后，她开始认真思索为何没有一举成功，是不是自己哪方面与要应聘企业的企业文化有冲突。

她突然想到一个情景：进门的时候，主考官的目光在她齐腰的长辫子上停留了一会。她意识到，问题可能就出在这一头她留了 10 多年的长发上。因为她应聘的公司是一家世界著名、以经营服饰和珠宝为主的企业，办事干练是公司员工的总体风格。招聘的主考官就是一头齐耳的短发，显得特别精明能干。

她想，是不是因为这条长辫子，让主考官担心自己无法融入企业的整体文化呢？

在一些外国人的印象中，辫子恐怕仍然是保守的象征。于是，薛小姐咬牙做了一个非同寻常的举动：剪去留了多年、一直视为珍宝的及腰长发，并选择了一款与主考官风格相近的套装去复试。

她的分析一点没有错，当她再次出现在主考官面前时，主考官首先看到的就是她那一头短发，然后眼中闪过一丝赞许，会心一笑，说："看来你已经准备好了。"

复试十分顺利，很快薛小姐就进入了自己梦寐以求的机构。

长辫子是薛小姐个人的所爱，但是当她认识到自己珍爱的东西也许是与企业整体风格有冲突的东西，便毅然决然地将其放弃，最终，赢得了企业的认可。

主考官看到的不只是她剪掉的及腰长辫，更是这种取与舍之间展现的内在职业素养。她怎能不成功呢？

在职场中，很多人未必留着薛小姐那样的长辫，但是，他们往往有着思想等方面的"长辫子"。这种无形的"长辫子"实际上是他们向来珍视的一些东西。

不能说这些"长辫"不好，但是，当它与企业的价值观和文化相冲突的时候，就要看你是否有勇气将它"剪掉"了。

唯有你能够将它们"剪掉"，你才能拥有真正的团队精神，才能完成从个体人到单位人等方面的转换，才能迎来职场的发展空间。

所以，为了能让你的职业生涯更加辉煌，请剪掉你珍爱的"长辫子"吧！